高职高专制药技术类专业系列规划教材

药品物流管理

主　编　鲁群岷　舒　炼

重庆大学出版社

内容提要

本书以我国药品管理法律、法规为准绳,以企业典型业务流程为线索,以实际运作案例为引导,通过大量图片、实例、知识链接等内容,介绍从事现代药品物流相关工作所必需的知识、技术、方法,训练学生从事药品物流相关工作所必需的基础职业能力。本书内容上共分为 8 个项目,分别为物流管理与药品的概述,药品采购管理,药品营销管理,药品运输管理,药品仓储管理,药品配送管理,药品物流信息管理及相关实训。

本书可供高职高专药学类相关专业师生使用,也可供相关从业者参考。

图书在版编目(CIP)数据

药品物流管理 / 鲁群岷,舒炼主编. -- 重庆:重庆大学出版社,2018.10
高职高专制药技术类专业系列规划教材
ISBN 978-7-5624-7907-9

Ⅰ.①药… Ⅱ.①鲁… ②舒… Ⅲ.①药品—物流管理—高等职业教育—教材 Ⅳ.①F724.73

中国版本图书馆 CIP 数据核字(2018)第 229517 号

药品物流管理

主 编 鲁群岷 舒 炼
策划编辑:袁文华

责任编辑:陈 力 刘 刚 版式设计:袁文华
责任校对:杨育彪 责任印制:赵 晟

*

重庆大学出版社出版发行
出版人:饶帮华
社址:重庆市沙坪坝区大学城西路 21 号
邮编:401331
电话:(023)88617190 88617185(中小学)
传真:(023)88617186 88617166
网址:http://www.cqup.com.cn
邮箱:fxk@ cqup.com.cn(营销中心)
全国新华书店经销
重庆俊蒲印务有限公司印刷

*

开本:787mm×1092mm 1/16 印张:12.5 字数:296 千
2019 年 1 月第 1 版 2019 年 1 月第 1 次印刷
印数:1—3 000
ISBN 978-7-5624-7907-9 定价:32.00 元

前言

　　随着我国法律法规及 2015 年版《中华人民共和国药典》(简称《中国药典》)的修订与执行,政府对民生的关注与医疗保障资金的投入,我国药品流通市场销售额从 2005 年到现在,已经出现了跨越式增长,年均以两位数的同比增长率增长。过去几年增长率稳定在 20% 以上,在这种形势下,迫切的国民健康安全保障需求与我国目前社会形势(相对滞后、效率低、成本高)的药品流通体系的服务能力形成了很大反差。政府启动了新一轮的医药卫生体制改革,通过立法、制订发展规划、资金投入等,力图建设适应社会发展需要的药品供应保障体系。

　　在药品供应保障体系的建设过程中,发展现代医药物流并实现现代化、专业化、社会化,已经是势在必行的方向。在我国现代药品物流发展过程中,药品物流企业的建设,企业物流运作模式、物流服务内容,从业人员职业能力要求都与传统药品储存与运输模式格格不入。如何适应新的药品销售模式变化,如何在国家政策和政府部门支持下建设保障民生安全与健康的药品供应保障体系,成为编者一直关注和研究的问题。

　　"药品物流管理"是高职高专教育药品类专业的专业课程。本书在编写时,以我国药品管理法律、法规为准绳,以企业典型业务流程为线索,以实际运作案例为引导,通过大量图片、实例、知识链接等内容,介绍从事现代药品物流所必需的知识、技术、方法,训练学生从事药品物流所必需的基础职业能力。

　　本书由重庆能源职业学院鲁群岷、舒炼担任主编。具体分工如下:由鲁群岷拟订本书的编写方案并编写了项目3、项目4、项目6、项目7及附录的内容并负责全书的校对工作,舒炼编写了项目1、项目2、项目5、项目8的内容,由鲁群岷、舒炼负责全书的统稿工作。本书共有 8 个项目,分别为物流管理与药品的概述,药品采购管理,药品营销管理,药品运输管理,药品仓储管理,药品配送管理,药品物流信息管理,实训。

　　本书的编写,得到了重庆能源职业学院石工食品检测中心有限公司及各相关院校的大力支持和帮助,参考了《中华人民共和国药典》2015 年版、新版《药品经营质量管理规范》(GSP)及相关药品物流基础方面的书刊和资料,借鉴吸收了部分专家、学者的成果,在此表示衷心的感谢。

　　由于编写时间仓促,编写水平不足,错漏之处在所难免,敬请各校师生及广大读者在使用过程中提出宝贵意见。

编　者
2019 年 1 月

目 录 CONTENTS

项目1 物流管理与药品的概述

📖【知识目标】

➤了解物流管理的发展及相关术语;

➤熟悉药品的分类方法;

➤识别药品电子监管码;

➤熟悉药品的质量检验方法。

任务1.1 物流管理概述及相关术语

案例导入

《全国药品流通行业发展规划纲要(2011—2015)》(以下简称《规划纲要》)中,发展现代医药物流、提高药品流通效率被放在重要位置。《规划纲要》提出,要以信息化带动现代医药物流发展,鼓励有条件的企业广泛使用先进信息技术,运用企业资源计划管理系统、供应链管理等新型管理方法,优化业务流程,提高管理水平。探索发展基于信息化的新型电子支付和电子结算方式,降低交易成本。同时,企业可以用无线射频、全球卫星定位、无线通信、温度传感等现代物联网技术,以及自动分拣、冷链物流等先进设备,改造传统的医药物流方式,不断提高流通效率,推动医药物流服务专业化发展。在满足医药物流标准的前提下,有效利用邮政、仓储等社会物流资源,发展第三方物流。

案例思考

1. 哪些现代技术与管理方法能促进物流效率提高?

2. 企业是如何应用现代技术与管理方法提高物流效率的?

3. 我们应该学习哪些现代技术与管理方法,以适应企业发展需要?

中国改革开放以来,医药管理体制基本上是集中统一管理模式,药品实行分级分类计划管理,分层次按系统进行调拨供应,购销方式比较单一,价格上统一领导,分级管理。在这个发展时期,药品分销模式是"三级批发、一级零售"。但是,自20世纪90年代以来,随着中国加大对医药分销体制的改革力度,传统的药品分销体制受到了极大的挑战。特别是2002年初,国家加大力度,淘汰一批落后的药品生产企业和批发企业;推进医药生产企业结构调整,推动大企业间的强强联合,兼并小企业,同时加强对重点产品生产的调控,促进国内生产企业与国外大企业的合作;完善医药流通体制改革,采用先进技术建设现代医药物流体系等工作。对医药产业而言,国家各项配套改革措施的相继到位,使企业的经营环境发生了较大变化。盈利空间的有限性迫使医药企业必须寻求突破和发展,由于国家政策和体制环境的不尽完善,造成中国医药产业在变革过程中,出现了一些独特的特点。

1992年,我国医药体制开始改革,当时由卫生部(现为"卫健委")负责,效果不好,医药管理和医药市场问题严重。1994年,国务院开始介入。1996年,国务院要求工商局等对药品流通领域中的回扣问题进行治理,但效果不好。1999年,药品流通问题更加严重,药价居高不下。由于医院是采购主体,加上我国药品管理体制混乱(由8个部委管理),因此药品流通领域的问题非常严重。在发达国家和地区,如美国和欧洲的药品商业费用通常为3%~5%,超过5%的非常少,市场集中度非常高。美国前5家较大的批发企业(配售中心)占整个市场的95%,欧洲同样也是由一些主要的药品批发商从事大部分的药品分销业务,而且它们的服务能力非常强大,真正为上游或下游客户提供了全程、整合的供应链管理和物流服务。而在我国目前的医药供应链中,一方面生产企业过多、过滥,生产企业的设备闲置率平均为50%,药品生产在低水平上重复,整个医药生产的技术含量和技术创新水平不高;另一方面,医药流通领域竞争非常激烈,我国原来的药品三级批发体制被打破,全国医药流通批发企业17 000多家(2013年数据),市场份额约1 500亿元人民币。截至2016年11月底,全国共有药品批发企业12 975家;药品零售连锁企业5 609家,下辖门店220 703家;零售单体药店226 331家,零售药店门店总数447 034家。而美国排名前几的任何一家医药分销商都比我国的市场份额大。

国内药品的价格构成为:生产企业占30%,中间环节占40%~50%(而发达国家只有5%),零售占30%。由于整个流通体制的不合理,造成我国药价虚高,企业创新能力低,医药管理腐败现象严重。我国政府为了解决医药方面的问题,于2000年出台了医疗机构药品集中招标采购的原则,其目的是想通过招标采购使医药流通体制运作透明化,降低药价,消除腐败。

正因为如此,我国当前面对的挑战转变成:如何进一步完善中国医药行业的市场机制,对中国的医疗供应链按市场规律进行管理和重组,从现代物流和供应链体系的角度全面规划和设计我国医药流通体制,包括建立电子商务平台、从企业到销售的供应链体系、物流平台和管理体系。只有这样才能从整体上合理规划和推进中国医药产业的发展,标本兼治,逐步提高医药分销的效率。不再像以前那样"头痛医头,脚痛医脚",从片面或局部的角度来推进医疗机制的改革。

1.1.1 我国现代药品物流的特点

1)规范与监管严格

因药品属于特殊商品,药品供应链担负着保障人民健康与生命安全的重任,因而药品供应链运作及药品管理受到众多法律法规的严格规范与监管。管理要求涵盖整个药品供应链,并深入具体的药品品种、规格、批号。目前,对药品流通与物流活动相关的监管法律法规有《药品管理法》及其实施条例、《药品经营质量管理规范》及其实施细则、《药品流通监督管理办法》、《药品说明书和标签管理规定》、《麻醉药品和精神药品管理条例》、《医疗用毒性药品管理办法》、《放射性药品管理办法》、《药品类易制毒化学品管理办法》、《国家基本药物目录管理办法(暂行)》、《药品电子监管工作实施方案》、《药品注册管理办法》、《反兴奋剂条例》、《危险品运输管理条例》、《商品条码管理办法》、《中华人民共和国商标法》及其实施条例、《中华人民共和国质量法》、《中华人民共和国顾客权益保护法》、《中华人民共和国劳动者权益保护法》、《中华人民共和国消防法》、交通运输管理相关法规等。

根据医药行业法律法规对药品供应链运作和药品管理范围及其深度的不同,对涉及药品物流的药品管理法律体系及其管理对象进行了归纳,如图 1-1 所示。

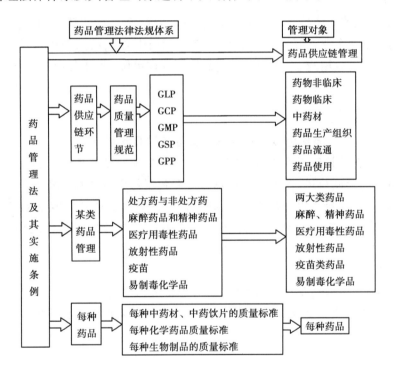

图 1-1 涉及药品物流的药品管理法律法规体系及其管理对象

2)来源多

类别、品种、规格繁多,物流作业活动复杂。药品物流作业对象——药品,其来源多样,品种、规格更新速度快,法律法规监管多且严格,监管深入每一品种、规格、批号,致使物流作业活动纷繁复杂,见图 1-2。

药品生产用原料药、包装物料供应给药品生产企业。生产企业生产成品药品分销(批发)、零售企业或医疗机构(组织)销售或分发给顾客,其中中药材的生产在种植场中进行,其产出中药材既可以供给中药饮片厂或中成药生产厂用于生产中成药,也可以经药品分销(批发)、零售企业或医疗机构(组织)销售给顾客。

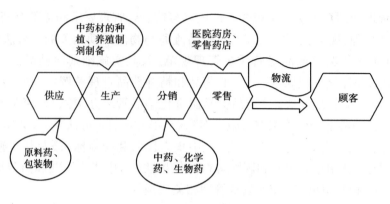

图 1-2　药品供应链

3）经营主体多

药品的分类管理致使药品流通渠道及销售模式多样,药品物流活动的经营主体可以是药品生产企业、药品分销企业、药品零售企业(如连锁配送中心)、药品使用管理单位(如国家免疫规划用疫苗、计划生育用药、血液和血液制品使用管理单位)及社会物流企业。

国家免疫规划及第一类疫苗的概念和种类

国家免疫规划是按照国家或省、自治区、直辖市确定的疫苗品种、免疫程序或者接种方案,在人群中有计划地进行预防接种,以预防和控制特定传染病的发生和流行。

第一类疫苗是政府免费向公民提供,公民应当依照政府的规定接受的疫苗,包括国家免疫规划确定的疫苗,省、自治区、直辖市人民政府在执行国家免疫规划时增加的疫苗,以及县级以上人民政府或者其卫生主管部门组织的应急接种或者群体性预防接种所适用的疫苗。

第二类疫苗是国家免疫规划确定的疫苗,包括皮内注射用卡介苗、重组乙型肝炎疫苗、口服脊髓灰质炎减毒活疫苗、吸附百白破联合疫苗及吸附白喉破伤风联合疫苗、麻疹减毒活疫苗等。

4）市场准入门槛高、运营成本高

药品物流服务社会化程度低。药品物流服务企业(或组织)的设立,按法律法规管理要求,需要配置保障药品质量的硬件与软件并通过药品监管部门的审核,符合要求方能设立与运营。运营过程中,为了保障药品质量,成本会比一般商品高。社会上的物流企业基于上述原因,涉足物流较少,因而药品物流服务的社会化程度低。许多类别药品的流通与物流活动还是专营的,如国家免疫规划用疫苗由我国疾病预防控制机构专营;计划生育用药品由国家人口与计划生育委员会下属机构专营。

知识拓展

GSP 对药品流通企业的要求(2017 药品经营质量管理规范实施细则)

第二条:企业应当在药品采购、储存、销售、运输等环节采取有效的质量控制措施,确保药品质量,并按照国家有关要求建立药品追溯系统,实现药品可追溯。

第十七条:质量管理部门应负责药品的验收,指导并监督药品采购、储存、养护、销售、退货、运输等环节的质量管理工作。

新版 GSP(2017 年版本)对药品批发的质量管理从质量管理体系、组织机构与质量管理职责、人员与培训、质量管理体系文件、设施与设备、校准与验证、计算机系统、采购、收货与验收、储存与养护、销售等环节做出了严格的规定。

5) 管理水平与服务能力提高

随着药品质量管理规范与监管要求的不断提高,企业为获得经营许可及竞争优势,逐步重视现代物流技术的应用,药品物流企业在自动化物流设施设备的配置、物流技术应用,特别是企业信息管理现代化方面较其他类别商品物流企业(或行业)水平要高。例如,药品实施电子监管的进程如下:2007 年对特殊管理药品(包括精神药品、麻醉药品、医疗用毒性药品、放射性药品)实施监管。2008 年对疫苗、中药注射剂、血液制品,2009—2015 年对全部国家基本药物,2020 年覆盖全部药品。随着监管要求的不断提高与监管范围的逐步拓宽,国家通过强制执行的方式促使企业增加与实施电子监管相关的硬件设备与管理软件,提高物流管理水平及物流服务能力。

知识拓展

商务部发布《全国药品流通行业发展规划(2016—2020 年)》(以下简称《规划》)

"十二五"期间,商务部首次发布实施药品流通行业发展规划,对于引领行业发展和指导行业管理发挥了积极作用。

商务部发布《全国药品流通行业发展规划(2016—2020 年)》(以下简称《规划》)全面总结了"十二五"期间我国药品流通行业发展状况及取得的成绩,分析了行业当前存在的突出问题,展望了"十三五"时期行业发展面临的新形势。《规划》提出,"十三五"期间我国药品流通行业发展的指导思想是,以提高人民健康水平为核心,以改革创新为动力,以建立现代药品流通体系为目标,以促进行业转型升级为主线,以流通信息化、标准化、集约化为方向,以改善行业发展环境为着力点,积极推进药品流通行业供给侧结构性改革,充分发挥其在服务医疗卫生事业与健康产业的功能作用。

6) 从业人员职业能力要求高

由于药品品种繁多、物流活动规范要求多且监管严格、物流作业活动复杂、应用现代技术较多,因此对从事药品物流工作人员职业能力要求比一般商品物流人员要求高。药品物流从业人员是复合型人才,从业人员的基本职业能力要求如图1-3所示。

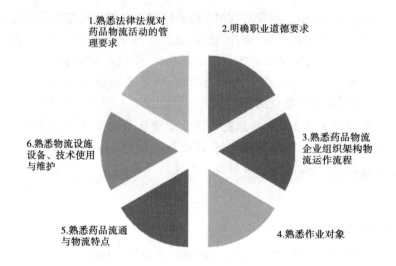

图1-3 药品物流从业人员的职业能力要求

综上所述,可以把现代药品物流特点归纳为"三多、六高、一低"。

"三多":药品品种、规格、批号多,药品管理法律法规多,药品物流经营主体多。

"六高":药品物流企业市场准入门槛高,运营成本高,物流技术应用要求高,物流管理水平要求高,物流服务能力要求高,物流从业人员职业能力要求高。

"一低":药品物流社会化程度较低。

药品物流特点之间的关系如图1-4所示。

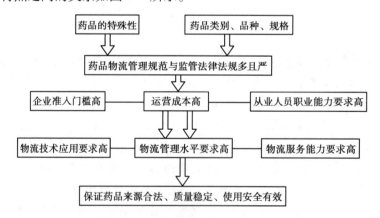

图1-4 药品物流间的相互关系

药品的特殊性,类别、品种、规格多的特点决定其受众多法律法规的严格规范与监管(我国药品管理通常是对药品实施分类立法规范与监管),也决定了药品经营企业、物流企业市场准入门槛高,运营成本高,从业人员职业能力要求高;企业物流技术应用要求高、物流管理水平与物流服务能力要求高。通过严格规范与监管,企业及从业人员严格依法保证药品来源合法、流通过程质量稳定、使用时安全有效。

1.1.2 现代药品物流企业的产生和发展

 **知识拓展**

国外药品供应体系

药品供应链体系建设也是国际药品流通行业发展的重要趋势。国际先进药品批发企业已经从传统商业购销模式向现代全产业链服务模式转变,将专业化、现代化的物流服务延伸到药品生产和终端销售环节。

1)现代药品物流企业的概念

现代药品物流企业是依托先进的物流设施、设备、信息技术和药品供应链管理系统,有效整合药品供应链上下游资源,通过建立高效的、对市场需求反应灵敏的药品供应保障体系,实现药品供应的自动化、信息化、规模化和效益化,保障人民群众安全用药的企业。

2)现代药品物流企业的产生和发展

（1）现代药品物流的产生

我国医药产业发展规模的不断扩大,国家医药卫生体制改革的推进,药品管理法律法规的修订、更新与完善,催生了药品第三方物流企业,使其从原来属于药品分销（批发）或零售连锁企业的"储运职能部门",演变为具有独立法人资格并以向社会提供物流服务为主营业务的经营主体。企业通过优化药品的验收、储存、分拣、配送等作业过程,提高订单处理能力,降低货物分拣差错,缩短库存及配送时间,降低流通成本,提高服务水平和资金使用效益。

（2）现代药品物流企业的发展历程

国家医药流通业发展规划及政策重点支持医药流通业发展。GSP（2013 版）引导企业向药品第三方物流企业发展,以适应药品销售规模不断扩大而扩增的物流需求。

1999 年,原国家经贸委（现已撤销）将现代物流建设、连锁经营、电子商务作为国家技术改造项目的支持重点。更具有实际意义的是,2002 年原国家经贸委争取到了 10 个国债贴息的医药物流中心建设项目,国药物流、重庆和平药房、广州医药企业以及上海医药企业、新疆新特药企业的物流中心都位列其中。

2002 年,北京医药集团有限企业与西门子德马泰克企业合作引进具有先进水平的物流配送技术,开启了我国现代药品物流企业的建设进程。至今,全国各省区均在其药品批发或零售连锁企业的"储运职能部门"的基础上,引入现代物流设施、设备、技术,提高其物流管理与服务能力,并从原有企业中剥离而向药品第三方物流企业过渡。

2005 年 7 月,对外经济贸易合作部又开始在江苏、浙江、广东、北京、天津、重庆、上海、深圳 8 地开展外资参股物流试点。很多地方政府也纷纷出台政策,鼓励医药企业加快提升自身的物流竞争力。

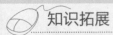
外商投资药品流通企业的例子:高盛给海王星辰注入资金,广州医药与欧洲的联合美华合资,日本铃谦与上海医院联姻,日本伊藤忠商事株式会社、日本东邦药业、荷兰发展银行、德意志投资开发企业等外资入股九州通。

1.1.3　医药物流管理的相关术语

根据从事药品物流的企业在药品供应链中所处位置及其经营目标和运营特点,将药品物流企业进行如下分类:

1)企业自营物流

按企业在药品供应链所处位置不同,企业自营物流又分为生产企业、分销企业、零售企业自营物流。通常根据企业经营目标,由企业储运职能部门为企业本身提供物流支持服务活动。

(1)药品生产企业物流

药品生产企业物流部门为企业提供药品生产原料、包装物料及其他生产用物料和成品销售物流服务。其服务对象为企业本身的生产部门(进行物料供应)、企业产成品的销售部门(对其客户包括药品分销企业、零售连销配送中心、零售药店、医院药房、社区医疗服务机构用药进行配送),如北京同仁堂物流配送中心、北京双鹤药业物流配送中心(图1-5)。

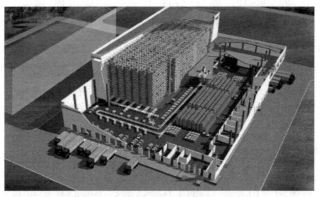

图1-5　北京双鹤药业物流配送中心

(2)药品分销企业物流

药品分销企业物流部门为企业药品的进、存、销提供物流服务,主要服务对象是下级药品配送中公、医院药房、零售药店及社区医疗服务机构,如广州医药有限企业黄金围现代药品物流中心。

广州医药黄金围现代药品物流中心是满足终端分销业务的专业仓库,仓容面积达3万平方米,可储存商品16万件,日均进出商品约2万件,功能齐、机械化和智能化程度高。

(3)药品零售连锁企业物流

药品连锁配送中心为企业的连锁店进行药品统一采购、统一配送服务,如海王星辰连锁配送中心。

海王星辰连锁药店物流配送与管理

1999年,海王星辰全面启动STARII管理信息系统,配送中心实行仓储货位的定位管理,一货一位,并对药品实行全方位条码化和商品批号管理,实现了门店要货、总部调拨与补货自动化管理。同时,参照国际先进的物流经验,采用先进的拣货方式,将摘果法与播种法相结合,提高拣货、配货速度,加快商品在配送中心的流转速度,提高日配送量,降低差错率,配送准确率达到99.99%以上,物流水平已经向国内知名企业看齐。2003年,对STARII管理信息系统进行全面升级后的STARII系统利用电子交易平台逐步进行各分型的集中采购及调拨,提高了商品采购技术和配送能力。目前,海王星辰在全国有16个物流中心,满足全国集中采期、快速高效配送商品的需要。

2)药品使用管理单位专营物流

如国家免疫规划用疫苗,由我国疾病预防控制机构的冷链物流系统承担疫苗从生产企业到疫苗接种点的配送与分发工作;计划生育用药,由国家人口与计划生育委员会下属机构物流组织承担药品从生产企业到社会服务点的配送与分发工作。

疫苗供应冷链

我国《疫苗流通和预防接种管理条例》中的冷链是指为保证疫苗从疫苗生产企业到接种单位运转过程中的质量而装备的储存、运输冷藏设施、设备及疫苗分发管理系统。

3)药品第三方物流

我国药品第三方物流企业多来源于原药品分销企业的储运职能部门。目前,除向原企业提供物流服务外,还向社会其他药品生产、经营企业提供物流服务。在国家政策的引导及药品营销模式不断创新的市场环境中,企业不断向规模化、专业化、信息化、自动化、效益化的方向发展,在市场竞争中其物流服务必将向药品供应链上、下游延伸,服务内容拓宽,服务能力与服务水平将不断提高,如国药物流、九州通物流、南京医药康捷物流等。

知识拓展

"物流批发一体化"成药企运营新趋势

物流批发一体化是指医药物流企业在做好传统的药品批发业务的同时,充分挖掘其本身已有的仓库、运输、终端网络等物流资源,积极开展针对上游药企和其他经营相关商品企业的第三方物业务,实现企业资源经营效益的最大化。

知识拓展

九州通延伸医药物流服务

九州通秉持"技术让服务更卓越"的理念,致力于现代物流技术的引进吸收和自主创新。目前,在全国自主建设了40多个现代医药物流中心,凭借10多年医药与医疗健康行业经验和技术积累,九州通将现代物流和信息技术运用到了整条医药产业链,而且专门成立了湖北九州通达科技企业,专注于现代物流、供应链和电子商务的技术服务与运营,已成为国内唯一一家具备独立整合物流规划、物流实施、系统集成能力的医药物流企业,并荣获5A级物流企业资质,跻身国家最高等级物流企业。

任务 1.2　医药物流管理的重要性和分类

1.2.1　医药物流管理的重要性

随着20世纪90年代企业竞争环境的变化,竞争的形式也发生了巨大的变化,这种变化如同菲利普·科特勒所言"未来企业之间的竞争将不再是单个企业之间的竞争,而是网络之间的竞争,谁拥有网络上的优势,谁就拥有竞争上的优势",这种网络在今天被称为供应链或供需链。它是从客户开始,到客户结束,由客户的需求牵引,通过网络企业的能力、业务和信息的整合,有效地满足顾客的特定需求,真正做到在恰当的时间以恰当的成本用恰当的价格向恰当的顾客提供恰当的产品。所以,对客户实际需求的绝对重视是供应链发展的原则和目标。根据 LaLonde 教授的分析,1960—1975 年是典型的"推式"时代,从原材料推到成品,直至客户终端。1975—1990 年,企业开始集成自身内部和外部的资源。企业的运营规则也从"推式"转变为以客户需求为动力的"拉式"。进入20世纪90年代,工业化的普及使生产率和产品质量不再成为竞争的绝对优势;供应链管理跨越了企业的围墙,建立一种跨企业的协作,以追求和分享市场机会。因此,供应链管理覆盖了从供应商到客户的全部过程,包括外购、制造分销、库存管理、运输、仓储和客户服务等。随着涉及的资源和环节的增加,对供应链的管理就变得十分复杂,信息技术是监控所有环节的重要条件之一。

物流与供应链管理最近几年在我国各行各业得到了广泛的关注,但是如何看待物流与供应链管理对我国医药产业发展及其制度创新的作用,尚需要在理论和实践上作出深入的分析研究,对于医药行业供应链体系的研究从理论上要解决的问题有:

①如何根据医药市场的特殊性和服务性来规划整个供应链体系? 供应链管理如何根据医药市场的状况和需求,决定服务方式和水平? 供应链中的各个节点,从生产企业到医院,在供应链中以什么模式出现? 起什么作用?

②如何监控医药市场的需求信息? 如何在整个医药供应链领域建立数据中心和信息系统管理平台,如何使信息公开化,如何建立中国医药供应链的电子交易平台?

③如何建立统一的、现代化的医药物流配送中心和供应链体系模型? 如何对中国与西方发达国家的医疗供应链体系进行比较研究? 中国医药物流管理的未来模式应该是什么样的?

对中国医药产业供应链管理、电子商务和物流管理的研究,对于医药产品在分销过程中如何增强透明度、如何通过电子商务和电子交易市场提高效率和共享性、如何采用现代物流和供应链管理来提高各方的效益并解决药品市场中存在的矛盾与问题都具有十分重要的实践意义。特别是在中国加入WTO后,如何在较短的时间内通过现代化的供应链协同管理来提高整个医药行业的规范化、产业化和标准化,对于我国当前的医疗体制改革、企业改革和经济改革来讲都具有十分重要的意义。

1.2.2　医药物流管理的分类

1)物流的概念

现代物流是指物品从供应地向接收地的实体流动过程,根据实际需要,将运输、保管、配送、包装、流通加工及物流信息处理等基本功能实施有机结合。

2)医药物流管理模式

医药物流管理有3种主要模式。

(1)生产企业自己组织销售物流管理

实际上把销售物流作为企业生产的一个延伸或者是看成生产的继续。生产企业销售物流成了生产者企业经营的一个环节。而且,这个经营环节是和客户直接联系、直接面向客户提供服务的一个环节。在企业从"以生产为中心"转向以"市场为中心"的情况下,这个环节逐渐变成了企业的核心竞争环节,已经逐渐不再是生产过程的继续,而是企业经营的中心,生产过程变成了这个环节的支撑力量。好处在于,可以将自己的生产经营和客户直接联系起来,信息反馈速度快、准确程度高,信息对于生产经营的指导作用和目的性强。企业往往把销售物流环节看成开拓市场和进行市场竞争的一个环节,尤其在买方市场前提下,格外看重这个环节。

生产企业自己组织销售物流,可以对销售物流的成本进行大幅度的调节,充分发挥它"成本中心"的作用,同时能够从整个生产者企业的经营系统角度,合理安排和分配销售物流环节的力量。

在生产企业规模可以达到销售物流的规模效益前提下,采取生产者企业自己组织销售物流的办法是可行的,但不一定是最好的选择。主要原因:一是生产者企业的核心竞争力的培育和发展问题。如果生产者企业的核心竞争能力在于产品的开发,销售物流可能占用过多的资源和管理力量,对核心竞争能力造成影响;二是生产企业销售物流专业化程度有限,自己组织销售物流缺乏优势;三是一个生产企业的规模终归有限,即便是分销物流的规模达到经济规模,延伸到配送物流之后,就很难再达到经济规模,因此可能反过来影响市场更广泛、更深入的开拓。

(2)第三方物流企业组织销售物流管理

由专门的物流服务企业组织企业的销售物流,实际上是生产者企业将销售物流外包,将销售物流社会化。

由第三方物流企业承担生产企业的销售物流,其最大优点在于,第三方物流企业是社会化的物流企业,它向很多生产企业提供物流服务,因此可以将企业的销售物流和企业的供应物流一体化,可以将很多企业的物流需求一体化,采取统一解决的方案。这样可以做到:第一是专业化;第二是规模化。这两者可以从技术方面和组织方面强化成本的降低和服务水平的提高。在网络经济时代,这种模式是一个发展趋势。

(3)客户自己提货的销售物流形式

这种形式实际上是将生产企业的销售物流转嫁给客户,变成了客户自己组织供应物流的形式。对销售方来讲,已经没有了销售物流的职能。这是在计划经济时期广泛采用的模式,将来除非十分特殊的情况下,这种模式不再具有生命力。

3)物流的分类

(1)按作用分类

①供应物流。

②生产物流。

③销售物流。

④回收物流。

⑤废弃物流。

(2)按空间范围分类

①国内物流。

②国际物流。

4)现代物流的基本特征

①物流的一体化。

②物流技术的专业化。

③物流管理的信息化。

④物流服务社会化。

⑤物流活动国际化。

任务1.3 药品分类及查询

1.3.1 药品分类概述

1)药品分类的概念

药品分类是根据一定的管理目的,为了满足药品生产、流通、消费活动的全部或部分需要,选择适当的药品属性或特征作为分类标志,将一定范围内的药品集合体科学、系统地逐次由大到小划分成不同类别的过程。

2)分类标志概念

药品分类标志是表明药品特征、用以识别药品不同类别的记号,是编制药品分类体系和药品目录的重要依据和基准,如药品的物理状态、剂型特征、给药途径、有效成分等。

3)分类方法概述

药品分类的常用方法为线分类法。将分类对象按照选定的若干分类标志,逐次地分成若干层级,每个层级分成若干类目,排列成一个有层次的、逐级展开的分类体系(图1-6所示为线分类体系)。在这个分类体系中,被划分的类目称为上位类;划分出来的下一级类目称为下位类。由同一个类目直接划分出来的所有下一级类目,彼此互为同位类。上位类与下位类之间构成隶属关系,同位类之间构成并列关系,图1-7所示为药品分类体系实例:第一层对所有药品按药品剂型的物理状态分类,分成固体、液体、半固体、气体剂型;第二层对固体制剂按剂型不同分为丸剂、胶囊、片剂等;第三层对胶囊剂按胶囊囊材的软硬分硬胶囊和软胶囊等,针剂按溶媒不同分为水针和油针。

线分类法的优点:信息容量大,层次性好,逻辑性强,符合传统应用习惯,既方便手工处理又适应计算机处理。

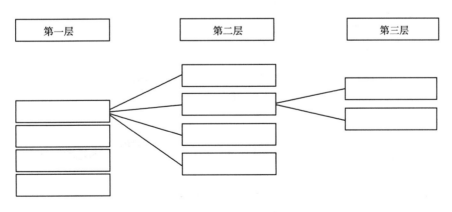

图1-6 线分类体系

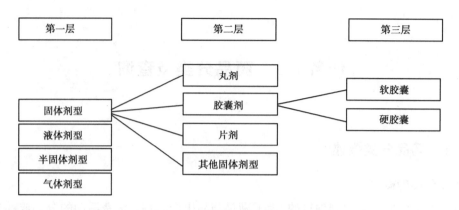

图 1-7　药品线分类体系实例

线分类法的缺点:结构弹性差,分类结构一经确定,不易改动。

采用线分类法编制药品分类目录时,必须留有足够的后备容量。

1.3.2　药品分类体系

1)根据来源分类

根据药品来源对所有的药品进行分类,可以把药品分为天然药物(图 1-8)、人工合成药物(图 1-9)、混合药物(图 1-10)。

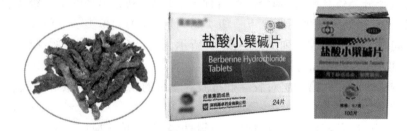

图 1-8　天然药物——药材黄连及小檗碱制剂

天然药物是指从天然资源采集而来的药品,包括动物、植物、矿物等天然药材,以及经过加工提炼制成的酊、水、浸膏等制剂,或提取其中有效成分的药品,如小檗碱、甘草流浸膏等。

图 1-9　人工合成药物——磺胺类药物制剂

人工合成药物主要是指利用化学原料合成的药品,包括用化学原料通过化学方法合成的各种无机药品和有机药品,如磺胺类药品。

图 1-10 混合类药物——青霉菌、青霉素及其制剂

混合药物是指利用天然资源和化学合成高度结合的药品,包括抗生素、生物制品,如青霉素、乙肝疫苗等。

2)根据制剂工艺分类

根据药品制剂工艺、制剂的形式与给药途径,制剂类药品可分为注射剂、口服制剂、外用制剂。

注射剂又分为液体注射剂(分销容量注射剂和输液剂)和固体注射剂(注射用无菌粉末)。

口服制剂又分为固体制剂(如片剂、丸剂、滴丸剂、颗粒剂等)和液体制剂(如芳香水剂、糖浆剂、乳剂、合剂等)。

外用制剂包括固体或半固体制剂(如软膏剂、栓剂等)、液体制剂(如搽剂、洗剂、滴眼剂、滴鼻剂、灌肠剂等)、气雾和喷雾剂(如外用喷雾剂和口腔喷雾剂)。

3)根据管理要求分类

(1)处方药与非处方药

处方药是必须凭执业医师或执业助理医师处方才可调配、购买和使用的药品,处方药英文prescription drug 或 ethical drug,常简称 Rx。

非处方药是应用安全、质量稳定、疗效确切、使用方便、不需医生处方,在药店中即可购买的药品。非处方药英文 over the counter 或 nonprescription drug,常简称 OTC。

(2)国家基本药物与非国家基本药物

国家基本药物是指列入国家政府制定的《国家基本药物目录》中的药品。制定该目录的目的是要在国家有限的资金资源下获得最佳的、合理的全民保健效益。基本药物是公认的医疗中的基本药物,也是对公众健康产生最大影响的药物。基本药物不是最便宜的药品,但可以说是最好的药品。基本药物是经过综合考虑,能满足临床基本和必要需求的药品。

国家基本药物的遴选原则:临床必需、安全有效、价格合理、使用方便、中西药并重,包括预防、诊断、治疗各种疾病的药物。随着药物的发展和防病治病的需要,国家基本药物每两年调整一次。

(3)普通药品与特殊管理药品

根据药品质量特性及其管理、使用不当对社会的影响,特别是对顾客生命安全与健康影响较大的药品,制定相应的管理法规实施分类管理,以保障药品使用安全有效,不对社会造成危害,如精神药品、麻醉药品、医疗用毒性药品、放射性药品列入特殊管理药品范围,对其研发、生产、流通、使用过程,实施特殊管理。而那些毒性较小、不良反应较少、安全范围较大、技术含量不高,市场上有多家生产企业生产或销售,产品进入市场比较容易,价格较低,临床已形成固定用药习惯的且已经广泛使用或使用多年的常规药品(如葡萄糖)称为普通药品。

（4）按储运环境温度分类

根据药品贮藏温度要求分类，可分为常温库贮藏、阴凉库贮藏、冷库贮藏。

常温库贮藏温度：2~30 ℃，相对湿度35%~75%。

阴凉库贮藏温度：2~20 ℃，避光，相对湿度35%~75%。

冷库贮藏温度：2~8 ℃，相对湿度35%~75%。

（5）根据该药品传统的保管习惯分类

针对繁多的药品，将质量特性中保管养护措施相近的药品归为一类，形成针、片、水、粉四大类。

（6）制备与使用指导理论分类

根据药品制备与使用指导理论不同分类，可分为中药和西药。中药又称为国药，是我国传统使用的药物；西药是国外研制生产的药品。

1.3.3　药品分类目录

1)《国家基本药物目录》

2015 年版《国家基本药物目录》将药品分为化学药品和生物制品（292 种）、中成药（184 种）、民族药（21 种）。

2)《麻醉药品和精神药品品种目录》

2013 年版《麻醉药品种目录》包括 121 种麻醉药。《精神药品品种目录》第一类68 种，第二类81 种。

3)《医疗用毒性药品目录》

2015 年版《医疗用毒性药品目录》包括毒性中药品种和毒性西药品种。

（1）毒性中药品种

毒性中药包括以下品种：砒石（红砒、白砒）、砒霜、水银、生马前子、生川乌、生草乌、生白附子、生附子、生半夏、生南星、生巴豆、斑蝥、青娘虫、红娘虫、生甘遂、生狼毒、生藤黄、生千金子、生天仙子、闹羊花、雪上一枝蒿、红升丹、白降丹、蟾酥、洋金花、红粉、轻粉、雄黄。

（2）毒性西药品种

毒性西药包括以下品种：去乙酰毛花苷 C、洋地黄毒苷、阿托品、氢溴酸后马托品、三氧化二砷、毛果芸香碱、亚砷酸钾、氢溴酸东莨菪碱、士的宁。

注：西药毒性药品品种仅指原料药，不包含制剂。西药品种士的宁、阿托品、芸香碱等包括盐类化合物。

4)《放射性药品目录》

（1）第一类放射性药品使用许可证

允许使用体外诊断用各种放射性分析药盒。

（2）第二类放射性药品使用许可证

①允许使用的体内诊断放射性药品。

②允许使用的体内治疗放射性药品。

③允许使用的即时标记的体内放射性药品。

（3）第三类放射性药品使用许可证

①允许使用第二类许可证项下规定的品种。

②可利用放射性核素发生品及配套药盒配制和使用的放射性药品。

③可利用市售自动合成系统制备和使用的正电子类放射性药品。

（4）第四类放射性药品使用许可证

①允许使用第三类许可证项下规定的品种。

②可自行研制和使用新放射性药物制剂（限国内市场没有或由于技术条件限制而不能供应的品种）。

5)《国家基本医疗保险、工伤保险和生育保险药品目录》

根据《中华人民共和国社会保险法》《工伤保险条例》以及《城镇职工基本医疗保险用药范围管理暂行办法》（劳社部发〔1999〕15号）等法律法规和文件的规定,制定了《国家基本医疗保险、工伤保险和生育保险药品目录（2017年版）》。

《药品目录》分为凡例、西药、中成药、中药饮片4部分。凡例是对《药品目录》的编排格式、名称剂型规范、限定支付范围等内容的解释和说明,西药部分包括了化学药和生物制品,中成药部分包括了中成药和民族药。

6)《药品类易制毒化学品品种目录》

2010年发布的《药品类易制毒化学品品种目录》包含的化学品品种如下:麦角酸、麦角胺、麦角新碱、麻黄素、伪麻黄素、消旋麻黄素、去甲麻黄素、甲基麻黄素、麻黄浸膏、麻黄浸膏粉等麻黄素类物质。

说明:所列物质包括可能存在的盐类。

药品类易制毒化学品包括原料药及其单方制剂。

7)《中药保护品种目录》

国家食品药品监督管理总局以公告的形式发布中药保护品种目录,每一条目均包括药品名称、保护级别、保护期限、保护品种号、生产企业。国家食品药品监督管理总局的官网上可以查询。

任务 1.4　药品电子监管码

国家食品药品监督管理总局从2006年开始开展药品电子监管工作,至2012年2月底,已分三期将麻醉药品、精神药品、血液制品、中药注射剂、疫苗、基本药物全品种纳入电子监管。

第一期:将麻醉药品、第一类精神药品制剂和小包装原料药自2007年11月1日起全部纳入电子监管,涉及药品生产企业19家,药品批准文号72个,全国性批发企业3家,区域性批发企业599家。

第二期:将第二类精神药品、中药注射剂、血液制品、疫苗自2008年11月1日起全部纳入电子监管,涉及药品生产企业568家,药品批准文号2 471个,药品批发企业（含非法人）1.3万家。

第三期:将国家基本药物全品种于2012年2月底前全部纳入电子监管,涉及药品生产企业近 2 800 家,药品批准文号约 5.4 万个。同时已于 2011 年 12 月 31 日前将含麻黄碱类复方制剂、含可待因复方口服溶液、含地芬诺酯复方制剂 3 类药品纳入电子监管,涉及药品生产企业近 600 家,药品批准文号近 2 000 个。

按照国家食品药品监督管理总局《关于实施药品电子监管工作有关问题的通知》(国食药监办〔2008〕165 号)中"逐步将已批准注册的药品和医疗器械的生产、经营纳入电子监管"的工作要求,剩余尚未纳入电子监管的药品制剂批准文号共计 11.9 万个,已入网药品制剂占全部药品制剂的 32%;药品制剂生产企业约 4 600 家。其中,已入网生产企业 2 900 多家,占生产企业总数的 63%;药品批发企业已全部入网。

1.4.1　电子监管码

电子监管码是中国政府对产品实施电子监管为每件产品赋予的标识。每件产品的电子监管码唯一,即"一件一码",相当于商品的身份证,简称监管码。电子监管码标签如图 1-11 所示。

图 1-11　电子监管码标签

目前,电子监管码为 20 位数字,企业准确登记其产品的商品编码后,电子监管码可以建立与商品编码的对应关系,完成在零售领域的结算计价功能。

生产企业通过电子监管码将产品的生产、质量等源头信息传输到监管网数据库中。流通企业通过电子监管码进货检查验收并将进货信息传输到监管网数据库中,在销售时将销售信息传输到监管网数据库中。这些数据信息可供顾客进行真假与质量查询,供政府进行执法打假、质量追溯和产品召回管理,供企业了解市场供求情况、渠道销售情况和涉假信息。

1.4.2　药品电子监管码

1)样式

药品电子监管码是由一组排列规则的黑白(黑为"条"、白为"空")线条按照一定的编码规则组合起来,表示一定信息的药品标识符号。进行辨识时,用条码阅读机扫描后,获得一组反射光信号。此信号经光电转换后变为一组与线条、空白相对应的电子信号,经解码后还原为相应的文数字,再传入计算机。它的意义是通过在计算机系统的数据库中提取相应的信息而实现的。药品电子监管码如图 1-12 所示。

(a)样式A　　　　　　　　(b)样式B

图 1-12　中国药品电子监管码

2) 编码规则

药品电子监管码由 16 或 20 位数字构成,采用 Code 128C 条码标识;监管码长度为 20 位,药品类别码与国家 14 位药品本位码关联;标识位——普药(药监码前两位为标识位——80 或 81 或 82 或 83 或 84 或 85 或 88,如图 1-12 所示);特药(16 位特药的药监码第一位为标识位——1;20 位特药的药监码前两位为标识位——89,如图 1-14 和图 1-15 所示);每件药品最小包装上赋予唯一的监管码。

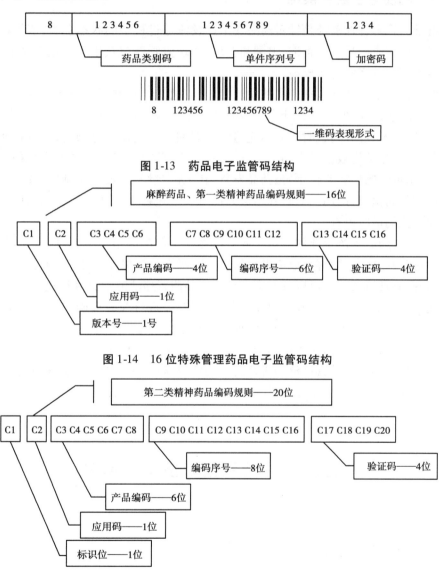

图 1-13 药品电子监管码结构

图 1-14 16 位特殊管理药品电子监管码结构

图 1-15 20 位特殊管理药品电子监管码结构

3) 使用

通过对监管码信息在药品供应链各环节的核注核销,呈现其流动过程并实行监管。也就是药品生产企业通过电子监管码,将药品的生产、质量等源头信息传输到监管网数据库中,流通企业通过监管码进行检查验收并将进货信息传输到监管网数据库中。销售时将销售信息传输到监管网数据库中。这些数据信息可供顾客进行真假与质量查询:顾客借助短信、电话、网络及终端设施等形式查询药品真实性和质量信息。顾客可以获得的信息有药品通用名、剂型、规格;生产企业、生产日期、生产批号、有效期等。供政府进行执法打假、质量追溯和产品召回管理;供企业了解市场供求情况、渠道销售情况和涉假信息。

1.4.3 药品电子监管系统

药品电子监管码管理系统是针对药品在生产及流通过程中的状态监管,依靠覆盖全国的国家药监网平台完成产品状态查询、追溯和管理,实现监管部门及生产企业产品追溯和管理,维护药品生产商及顾客的合法权益。

药品电子监管系统功能包括药品从生产出厂、流通、运输、储存直至配送给医疗机构的全过程,并在药品监管部门的监控之下。可实时查询每一盒、每一箱、每一批重点药品生产、经营、库存及流向情况,遇有问题时可以迅速追溯和召回。可进行信息预警,如各企业超资质生产和经营预警;药品销售数量异常预警,可以指示是否有药物滥用,或是否有某种药物短时间大量售出,提示可能的疾病流行预警;药品发货与收货数量和品种核实预警,及时发现药品是否流失。终端移动执法,即药品监管和稽查人员可以通过移动执法系统,如通过上网,或通过手机便利地在现场适时稽查。

通过监管网,药品生产企业和经销企业可以迅速了解产品市场情况,保护知识产权,实现品牌推广,掌握物流信息;顾客可以借助短信、电话、网络及终端设施等形式查询产品真实性和质量信息;药品监管执法部门可以及时掌握有关产品假冒违法的信息并迅速采取执法行动,对质量问题进行流程追溯和责任追究,对问题和缺陷产品进行及时准确的召回管理,将政府监管、企业自律和社会监督很好地结合起来,推动和谐社会的建设。有利于监管部门严格监控药品从生产出厂、流通、运输、储存到药品消费的全过程,实时查询每一盒、每一箱、每一批药品的生产、库存、销售及物流配送具体流向等情况。遇到问题药品时,能迅速追溯问题药品批次、数量、所在地、在线生产数量、尚余库存量等,最大限度地降低召回成本。

任务 1.5 药品包装技术与标识

1.5.1 药品包装技术

1)包装技术分类

(1)按功能分类

①销售包装技术:主要有热封技术、塑料封技术、外壳包装技术、收缩包装技术、真空减压及充填包装技术、灭菌包装技术、防霉包装技术、印刷技术等。

②运输包装技术:主要有外装技术和内装技术。外装技术包括容器设计技术和印记技术;

内装技术包括防震包装技术、防潮及防水包装技术、防锈包装技术、防虫及防鼠包装技术等。运输包装技术的重点是容器设计技术、包装尺寸和强度设计技术、印记技术。

（2）按经济性分类

①单个包装技术：指对单个商品所进行的包装，主要有机械性保护包装、防护剂保护包装、防水包装、防水气包装、存放吸湿剂的防水和防水气包装、可剥除的化合物保护包装等。

②内包装技术：产品经过单个包装后，放入内包装容器，并加以衬垫，即完成内包装。内包装的目的主要是防震、防摩擦，保护产品。内包装应粘贴适当的标识。

③外包装技术：主要目的是方便运输，包括阻挡与支撑、衬垫、防水设施、包装容器、捆扎与标识。外包装要求具有一定的强度，具有抗挤、抗压等性能，并且外形尺寸设计要便于运输。

产品外包装后，根据具体情况，可采用如钢皮带、塑料编织带等对包装物进行捆扎，方便装卸，防止散失，常见包装技术见图1-16。

（1）抽真空包装

（2）充气包装 　　　　　（3）集装技术 　　　　　（4）数粒瓶装包装线

图1-16　常见包装技术

2）药品现代包装技术类型

药品现代包装技术主要有数粒包装技术、BFS整线技术、泡罩包装技术、医药小袋包装技术、医药软管包装技术、可追溯标识技术、机器视觉技术、称重技术、灯检技术、装盒技术、包装材料技术等。

　知识拓展

包装常见问题与解决方法

包装常见问题：破、散、断、锈、漏、重、泡、松、空。

解决方法：包装材料、容器、捆扎材料的生产管理和验收；合理缩小包装体积。

常用方法：合理排列、套装、拆装、压缩商品体积、用集合包装。

1.5.2　药品标识物

1)药品标识物的含义和功能

药品标识物是指药品的包装、标签及说明书,是药品外在质量的主要体现,是医师决定用药和指导顾客购买选择的信息来源。

药品的标识物包括两部分:一部分称为内包装(label)标识,是指在药瓶、铝箔袋、锡管、铝塑泡眼等药品内包材上贴印的标签(俗称瓶签);另一部分称外包装(labeling)标识,是指外盒标签和药品说明书,具有保护药品、提高效率、传递信息功能。

药品包装是药品在用、管、运、销过程中起保护作用的材料,分内外包装,包装印有标签并附有说明书。

标签是重要的文件,既为顾客提供药品信息,又是产品本身的外观形象,美国 FDA(Food and Drug Administration,食品和药物管理局)对非处方药审查的重要内容之一就是审查标签。

药品说明书是指导病人选择药品的主要依据,也是合理用药的指示说明。

2)药品标识物的管理要求

(1)药品包装生产和流通企业的行业管理

加强环保型产品、OTC 包装、儿童用药包装、水针剂、输液剂、胶囊剂、软膏剂等各类医药包装材料的开发、生产、推广使用。

(2)药包材和容器的质量管理

符合药用要求,符合保障人体健康、安全的标准,按法定标准生产,无毒,与药品不发生化学作用。

(3)药包材生产与使用管理

①药包材生产实施许可证制度:对药包材生产实施"药品包装材料生产企业许可证"管理,许可证有效期为 5 年。

②药包材管理实施注册制度:药监部门对药包材实施注册管理,"药品包装材料注册证"有效期为 5 年;"进口药品包装材料注册证"有效期为 2 年。

③药包材使用实施审批制度:药品生产企业提供药包材注册证复印件,质量标准及稳定性研究资料,与申请生产的药品一并审批。

任务 1.6　药品质量检验

1.6.1　药品质量标准概述

1)药品质量标准定义

药品质量标准(简称"药品标准")是国家对药品质量规格及检验方法所做的技术规范。

由一系列反映药品特征的技术参数和技术指标组成,是药品生产、经营、使用、检验和管理部门必须共同遵循的法定依据,属强制性标准。药品标准是药品质量检验的依据,具有权威性和法律性。药品标准依据安全有效、技术先进,经济合理的原则制定。

2）药品质量标准表现形式

我国药品质量标准表现形式为《中华人民共和国药典》(以下简称《中国药典》)。我国药典已颁布实施的版本有 1953、1963、1977、1985、1990、1995、2000、2005、2010、2015 年版,通常每 5 年修订一次。

现在实施的是 2015 年版本,《中国药典》包括凡例、正文及附录,是药品研制、生产、经营、使用和监督管理等均应遵循的法定依据。所有国家药品标准应当符合《中国药典》凡例及附录的相关要求。

新版药典进一步扩大了药品品种的收载和修订,共收载品种 5 608 个。一部收载品种 2 598 个,其中新增品种 440 个。二部收载品种 2 603 个,其中新增品种 492 个。三部收载品种 137 个,其中新增品种 13 个、修订品种 105 个。首次将上一版药典附录整合为通则,并与药用辅料单独成卷作为新版药典四部。四部收载通则总数 317 个,其中制剂通则 38 条、检测方法 240 条、指导原则 30 条、标准物质和对照品相关通则 9 条;药用辅料收载 270 种,其中新增 137 种、修订 97 种。《中国药典》与《美国药典》见图 1-17。

图 1-17 《中国药典》与《美国药典》

3）药品质量检验

药品质量检验是依靠现代技术对药品的成分、结构、含量、性质,特别是安全性与有效性进行评价的活动,主要分为定性与定量检验。

①定性检验:鉴定药品化学组成。

②定量检验:测定药品各成分的相对含量、杂质或分解产物限度。分析方法又分为容量分析和仪器分析。

a.容量分析常根据分析原理的不同分为氧化还原法、酸碱滴定法、沉淀滴定法、络合滴定法、电位法、永停滴定法。

b.仪器分析是依据药品的物理性质与药品成分的关系,不经化学反应直接进行鉴定、含量测定的方法,或根据被测药品在化学变化中的某种物理性质和组分之间的关系,进行的鉴定和含量分析方法,又称物理化学分析法。特点:需要应用精密仪器;分析灵敏、准确快速、应用广泛。又分光学分析(主要有吸收光谱分析、发射光谱分析、质谱法)、电化学分析(电解分析法、电容量分析法、极谱分析法)、色谱分析(液相、气相、高效液相色谱法、离子交换法)等。

1.6.2 药品外观质量检验方法

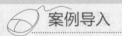案例导入

天麻的等级划分

天麻按加工的质量规格可分4个等级。

①特等天麻：每千克30个，质量相同，每个约150g。

②一等干货：根茎呈扁平状，长椭圆形；去粗皮表面黄白色，体结实，比重大，半透明状，身白色，味甘性微温；个体均匀，每千克31~60个，包括无空心，无碎块，无干枯，无虫蛀、霉变。

③二等干货：根茎呈长椭圆形，扁缩而表面弯曲；表面白色或黄褐色，体结实半透明状，断面角质状，芽白色或棕黄色；每千克61~80个，无空心，无碎块，无干枯、虫蛀、霉变，每个75~150g。

④三等干货：根茎呈扁平长椭圆形，或扁缩而弯曲；表面黄或褐色，每千克80个以上，有空心、碎块，色泽较差，但无霉变、虫蛀，每个75g以下。

如何鉴别天麻优劣呢？专家认为，首先闻上去有马尿臊味；其次表面有些细小圆点；再次，顶端有红棕色至深棕色的芽或残留茎基，俗称"鹦哥嘴"。另一端有自母麻脱落的圆脐形疤痕。最后它的表面还有数圈横纹。另外专家表示，一般来说，外形饱满、同等大小重量的天麻就好。

1）药品外观质量检验方法定义

药品外观质量检验又称直觉判定法，是由验收（或质量检查）人员根据药品质量标准与药品说明书中规定的性状，如糖衣片、白色素片、胶囊、无色澄明液体等描述，结合工作人员的业务知识和实践经验，通过人的眼、鼻、手等感觉器官来检验药品的形状、颜色等外观质量并判断药品质量优劣的方法。

2）药品外观质量检验方法的具体操作

药品外观质量检验具体操作包括：用眼观察药品的外观质量，如有无变形、开裂、脱皮、污痕、霉点、融化、溶解、变色、结块、挥发、沉淀等异状；用鼻嗅闻药品有无变味或串味情况；对易碎药品进行震动、摇晃后用耳朵倾听其包装内有无碎片撞击声；用手指、手掌弹、拍、触、摸药品，感觉其干软、黏结、滑腻的程度。

3）药品外观质量检验方法的应用

①药品入库验收、退换货质量检验，判断入库药品是否合格，确定能否入库。

②药品在库质量检查与养护，判断药品质量是否稳定，为采取科学、合理的保管养护措施和维护药品质量稳定提供决策依据。

③药品出库复核，判断出库药品质量是否合格，确定能否出库。

④药品交货，收发货双方判断药品质量是否合格，收货方确定是否收货。

项目2　药品采购管理

【知识目标】
➤ 了解采购的流程；
➤ 明确签订采购合同事项；
➤ 熟悉谈判技巧；
➤ 熟练处理订单问题；
➤ 能够进行采购信息获取、处理、成本分析。

任务 2.1　采购认证、供应商开发

2.1.1　采购认证

1) 采购认证概念

指企业采购人员对采购环境进行考察并建立采购环境的过程。对于需要与供应商合作开发项目的采购方来说，就有必要进行采购认证。采购认证根据项目的大小、期限的长短等采取不同的认证方法。

2) 采购认证的基本步骤

（1）认证准备

熟悉需要认证的物料项目，价格预算，研究项目质量需求标准，了解项目的需求量。准备好物料认证所需的资料。

（2）初选供应商

研究供应商提供的资料并向相关供应群体发调查问卷。实地考察，与供应商谈判，发放认证说明书，要求供应商提供改善报告，供应商参与竞标。

（3）试制认证

签订试制合同，向初选供应商提供项目试制资料，供应商准备样件，过程协调监控，调整技术方案，供应商提供样件，样件评估。

（4）中试认证

签订中试合同,向样件供应商提供项目中试资料,供应商准备小批件,过程协调监控,调整技术方案,供应商提供小批件,中试评估。

（5）批量认证

签订批量合同,向中试供应商提供项目批量生产资料,供应商准备批量件,过程协调易控,调整技术方案。供应商提供批量件,批量评估。

（6）认证供应评估

制订供应评估计划、采购部门绩效评估、采购角色绩效评估、供应商绩效评估、调整采购环境。

3）采购认证

①调查医药商品市场总体情况的能力。

②供应商调查的能力。

③供应商开发的能力。

④医药商品的供应商评估与考核的能力。

⑤选择供应商的能力。

4）供应商调查

首先我们必须要了解供应商、了解资源市场,然后再进行资源市场分析。

（1）供应商调查概念

供应商管理的首要工作,就是要了解供应商、了解资源市场。要了解供应商的情况,就是要进行供应商调查。供应商调查是指对供应商基本资料和信息情况进行调查。对初次接触、未经考核评价的供应商应进行供应商调查。

（2）供应商调查的阶段

供应商调查在不同的阶段有不同的要求,可以分成三种:

①第一种是资源市场分析

a.资源市场的规模、容量、性质。例如,资源市场究竟有多大范围,有多少资源、需求量,是卖方市场还是买方市场,是完全竞争市场还是垄断市场。

b.资源市场的环境如何。例如,市场的管理制度、法制建设、市场的规范化程度、市场的经济环境、政治环境等外部条件如何,市场的发展前景如何。

c.资源市场中各个供应商的情况如何,把众多的供应商的调查资料进行分析,就可以得出资源市场自身的基本情况,例如,资源市场的生产能力、技术水平、管理水平、质量水平、价格水平、需求情况及竞争性质等。

资源市场调查的目的:进行资源市场分析。资源市场分析对企业指定采购策略以及产品策略、生产策略都有很重要的指导意义。

②第二种是供应商初步调查

a.要确定资源市场是紧缺型的市场还是富余型市场,是垄断性市场还是竞争性市场。

• 供应商初步调查的目的。了解供应商的一般情况。

• 供应商初步调查的特点。一是调查内容浅,了解一些简单的、基本的情况;二是调查面广,最好能够对资源市场中所有供应商都有所调查,从而能够掌握资源市场的基本情况。

　　●供应商初步调查的方法。一般可以采用访问调查法,通过访问有关人员而获得信息。

　　b.要确定资源市场是成长型市场还是没落型市场。如果是没落型市场,则我们要趁早准备替换产品。

　　c.要确定资源市场总的水平,并根据整个市场水平来选择合适的供应商。

　　③第三种是供应商深入调查。

　　供应商深入调查是指经过初步调查后,对准备发展成为自己的供应商的企业进行的更加深入仔细的考察活动。这种考察,是深入供应商企业的生产线、各个生产工艺、质量检验环节甚至管理部门,对现有的设备工艺、生产技术、管理技术等进行考察,看看所采购的产品是否满足本企业应具备的生产工艺条件、质量保证体系和管理规范要求。

　　a.准备发展成紧密关系的供应商。

　　b.寻找关键产品的供应商。

2.1.2 供应商开发

　　供应商开发是指采购组织为帮助供应商提高运营绩效和供应能力,以满足自身的采购需求而采取的一系列活动。供应商开发是有效降低所有权总成本的战略举措,具体步骤如下:

1)供应商市场竞争分析

　　目前市场的发展趋势是怎样的,各大供应商在市场中的定位是怎样的,从而对潜在供应商有一个大概的了解。再将所需产品按 ABC 分类法找出重点物资、普通物资和一般物资,根据物资重要程度决定供应商关系的紧密程度。

2)寻找潜在供应商

　　经过对市场的仔细分析,可以通过前面提到的供应商信息来源来寻找供应商。在这些供应商中,去除明显不适合进一步合作的供应商后,就能得出一个供应商考察名录。

3)对供应商进行实地考察

　　邀请质量部门和专业人士一起参与供应商的实地考察,他们不仅会带来专业的知识与经验,共同审核的经历也会有助于企业内部的沟通和协调。

　　在实地考察中,应该使用统一的评分标准进行评估,并着重对其管理体系进行审核,如果供应商有改进意向,可要求供应商提供改进措施报告,作进一步评估。

4)向供应商询价,了解供应商的报价

　　向合格的供应商发出询价文件,一般包括图纸和规格、样品、数量、大致采购周期、要求交付日期等细节,并要求供应商在指定的日期内完成报价。在收到报价后,对条款仔细分析,对其中的疑问要彻底弄清,并作相应记录,包括传真、电子邮件等。根据报价中大量的信息进行报价分析,比较不同供应商的报价,选择报价合适的供应商。

5)合同谈判

　　与报价合适的供应商进行价格、批量产品、交货期、快速的反应能力、供应商成本变动及责

任赔偿等方面的谈判。每个供应商都是所在领域的专家,多听取供应商的建议往往会有意外的收获。

6）确定供应商

通过策略联盟,参与设计,供应商可以帮助我们有效降低成本。还有非常重要的一个方面是隐性成本,采购周期、库存、运输等都是看不见的成本,要把有条件的供应商纳入适时送货系统,尽量减少存货,降低企业的总成本。

7）与供应商谈判前的工作准备

①对自己要采购的产品作成本分析。

②对自己要采购的产品作市场批量价格调查。

③对要采购的产品的基本技术参数进行了解,尤其是对影响价格因素的重要参数有详细的了解。

④充分了解供应商的生产能力、周转能力、支付能力等,并做一个价格谈判的程序表。

8）签订采购合同

首先做好谈判前的准备工作;建立谈判小组,在谈判过程中注意运用谈判技巧,比如必须熟悉 GSP 关于药品购销合同条款的注意事项;最后签订谈判合同。

知识拓展

谈判过程中谈判技巧的运用

（1）谈判前要有充分的准备

知己知彼,百战不殆。成功的谈判最重要的前提就是要先有充分的准备:采购人员的商品知识,对市场及价格的了解,对供需状况的了解,对本企业的了解,对供货商的了解,本企业所能接受的价格底线、目标、上限,以及其他谈判的目标都必须先有所准备,并列出优先级,将重点简短列在纸上,在谈判时随时参考,以提醒自己。

（2）谈判时要避免谈判破裂

有经验的采购人员不会让谈判完全破裂,否则根本不必谈判,他总会给对方留一点退路,以待下次谈判达成协议。没有达成协议总比勉强达成协议好。

（3）只与有权决定的人谈判

本企业的采购人员接触的对象可能有:业务代表、各级业务主管、经理、协理、副总经理、总经理或董事长,这些人的权限都不一样,视供货商的规模大小而定。采购人员应避免与没权决定事务的人谈判,以免浪费自己的时间,同时可避免事先将本企业的立场透露给对方。谈判之前,最好问清楚对方的权限。

（4）尽量在本企业办公室内谈判

在自己企业的办公室内谈判除了有心理上的优势外,还可随时得到其他同事、部门或主管的必要支持,同时还可节省时间与出差的开支。

（5）放长线钓大鱼

有经验的采购人员知道对手的需要，故尽量从小处着手满足对方，然后渐渐引导对方满足采购人员自己的需要。采购人员要避免先让对手知道自己的需要，否则对手会利用此弱点要求采购人员先做出让步。

（6）采取主动，但避免让对方了解本企业的立场

攻击是最佳的防御，采购人员应尽量将自己预先准备的问题以开放式的问话方式让对方尽量暴露出自己的立场，然后再采取主动，乘胜追击，给对方足够的压力，对方若难以招架，自然会做出让步。

（7）必要时转移话题

若买卖双方对某一细节争论不休，无法谈拢，有经验的采购人员会转移话题，或喝茶暂停，以缓解紧张气氛。

（8）尽量以肯定的语气与对方谈话

否定的语气容易激怒对方，让对方没有面子，谈判难以进行，故采购人员应尽量肯定对方，称赞对方，给对方面子，对方也会愿意给面子。

（9）尽量成为一个好的倾听者

一般而言，业务人员都能说会道。采购人员知道这一点后应尽量让他们讲，从他们的言谈及肢体语言中，采购人员可听出他们的优势与缺点，也可了解他们的谈判立场。

（10）尽量为对手着想

全世界只有极少数的人认为谈判时，应"赶尽杀绝"，丝毫不能让步。事实证明，大部分成功的采购谈判都要在和谐的气氛下进行才可能达成。人都是爱面子的，任何人都不愿意在威胁的气氛下谈判，更何况本企业希望与良好的供货商应有细水长流的合作关系，而不是对抗的关系。

（11）以退为进

有些事情可能超出采购人员的权限或知识范围，采购人员不应操之过急，装出自己有权或了解某事，作出不应作的决定。此时不妨以退为进，与主管或同事研究或弄清情况后，再答复或决定也不迟，毕竟没有人是万事通。草率、仓促的决定大部分都不是好的决定，智者总是先深思熟虑，再作决定。

（12）不要误认为50/50最好

有些采购人员认为谈判的结果是50/50最好，彼此不伤和气，这是错误的想法。事实上，有经验的采购人员总会设法为自己的企业争取最好的条件，然后让对方也得到一点好处，能对他们的企业有个交代，因此站在"好又多"采购的立场，若谈判的结果是60/40，70/30，或甚是80/20，也就不会"于心不忍"了。

（13）谈判的十二戒

这"十二戒"分别是：准备不周，缺乏警觉，脾气暴躁，自鸣得意，过分谦虚，不留情面，轻诺寡信，过分沉默，无精打采，仓促草率，过分紧张，贪得无厌。

知识拓展

在进行谈判的过程中,遇到各种僵局、困境或者是死胡同都是正常的。笔者对这3种情况下了如下定义:

1. 所谓僵局,就是指谈判双方就某一个问题产生了巨大分歧,而且这种分歧已经影响到谈判的进展了。

2. 所谓困境,就是指双方仍然在进行谈判,但却似乎无法取得任何进展了。

3. 所谓死胡同,就是指双方在谈判过程中产生了巨大分歧,以至于双方都感觉似乎没有必要再继续谈下去了。

案例分析

谈判陷入死胡同怎么办——暂置策略

那么,当谈判陷入僵局,或者遇到其他两种情况时,我们应该如何应对呢?下面这位资深谈判人士为我们一一进行了分析,并提出应对招数:暂置策略。

当你正在与客户进行谈判,而客户告诉你:"我们可以和你谈谈,可问题是,我们要在新奥尔良举行年度销售会议,如果希望成为我们的供应商,你们就必须在举行销售会议的那个月1号之前交来样本,否则,我们也就没必要浪费时间了。"的时候,你不妨考虑使用暂置策略。

即便根本不可能在那么短的时间里拿出样本,你仍然可以使用暂置策略:"我知道这对你很重要,但我们不妨把这个问题先放一放,讨论一些其他问题。比如说,我们可以讨论一下这项工作的细节问题,你们希望我们使用工会员工吗?关于付款,你有什么建议?"

通过使用暂置策略,你可以首先解决谈判中的许多小问题,并在最终讨论真正的重要问题之前为谈判积聚足够的能量。千万不要把谈判的焦点集中到某一个问题上(那样双方就一定要分个输赢)。

通过首先解决那些小问题,谈判双方就会形成一些动力,从而使那些比较大的问题更容易得到解决。而那些缺乏经验的谈判人员总是相信自己首先必须解决那些比较重大的问题。

你可能会问:"如果我们不能在价格和付款方式等重要问题上达成共识,为什么还要浪费时间讨论那些微不足道的问题呢?"可谈判高手非常清楚,一旦双方在那些看似微不足道的小问题上达成共识,对方就会变得更加容易被说服。

任务2.2 订单跟踪、结算、需求预测

2.2.1 订单跟踪

1)订单跟踪的管理

(1)接单

在客户签署贸易合作协议后,客户会向企业发来产品采购订单。在此过程中,销售跟单员接单知道采购要求后,一是要确认订单的真实性;二是要将外部订单的信息翻译成可供内部人员审查的内部订单。

(2)确认订单

确认订单也就是审核订单,销售业务员拿到订单后,需要将订单交与相关部门,并对品质要求、技术评估、交期评估、物料评估四个方面进行审核。如果可以达到客户的要求,则立即确认;如果无法达到,销售业务员必须与客户进行协商,调整客户要求。

(3)跟单

跟单也就是对内部生产情况进行跟踪,并及时向客户汇报生产进度。如果无法按预定日期交货,则需要向客户说明原因。

(4)出货

预定的出货日期到了,销售业务员还必须联络成品仓库出货,如果需要送货,销售部还必须联络好运输企业。客户收到商品后,销售业务员随时联络客户,并询问到货情况和满意度。

2)供应商按采购订单出货

尽管供应商延迟交货的理由有很多,但采购人员也需要考虑自身原因。当遇到以下情况时可以这样处理:

①交货期过短,供应商从原料采购到生产确实不能满足交期要求,提出延迟交货。

对策:既然着急下单,采购人员就需要做好业务评估,适当做些库存,以防供应商延迟交货。

②订单量少,供应商也不愿意配合,提出延迟交货。

对策:适当给供应商一些利润,让其先赶货,随后再考虑更换新供应商,这就需要一开始就签订合同,拖延交期的可适当扣除部分当批货款。

当出现供应商延迟交货情况后,采购人员不必着急划分责任,首要任务是完成生产,拿到采购物资,有效避免更大的损失,可以这样处理:

①跟供应商沟通协调,了解供应商延迟交货的真正原因,只有了解了真正原因,才能找到有效的方法去处理。

②如果是由于供应商的某些原因而导致交货延迟,可以适时地分析导致交货延期的问题

点的严重性,与供应商取得联系,以找到最佳的解决方式。

③在供应商不配合交货的情况下,积极搜集市场价格,找出准备替换的新的供应商。

为了避免由于供应商原因造成的延迟交货,采购人员在前期就要做好一系列的准备工作,包括:

①事前管理:供应商导入前的评估与认证必不可少,供应商历史交付绩效表现(其他客户交付历史),熟悉供应商生产周期,判定供应商回复交期的可行性,除要求供应商回复出货日期外,必须回复此订单厂内计划投产日期与产出日期,在计划投产前与之确认计划是否按计划执行。

②事中管理:开始投产后,要求供应商定时反馈计划执行进度,出现异常时及时追踪处理。例如,跟单在制作环节需要对部件生产加工的各个环节了解情况,能够知晓各环节实际需制作时间。

③事后管理:出现延误时,及时沟通,提出短期对策,减小当前的影响,同时制订奖惩结合的长期改善措施。另外,可将供应商绩效评判作为分配订单量的依据。如果现有供货商经常延迟交货,建议引进新供应商参与竞争。

3)能够记录和反馈供应商的供货情况

最好是做一张供应商月供货情况记录表,每月记录一张,这样既能提高工作效率,也能清晰明了地反映供应商的供货能力,避免一些不必要的麻烦。

4)订单的跟踪管理

(1)订单跟踪的目的

①督促订单的正常执行。

②满足企业的质量要求。

③保持合理的库存条件。

(2)订单跟踪的要点

跟单人员可以向供应商了解物料最终完成的包装入库信息。如果有可能,最好去供应商现场考察,确认供应商能否顺利生产,按照供应商提供的生产时间,再次确认能否进行生产。跟催的要点包括原料药、生产安排以及投入的设备等。

(3)确认供应商是否顺利生产

不要以为万事俱备,不需要跟踪,而是要继续跟踪确认供应商是否顺利生产,当供应商在加工中有难题时可以进行适当的协助,订单如果出现风险,要及时进行调整。

(4)对采购催货进行规划

①确定跟催的活动或者节点。

②催货的沟通方式(电话、微信、QQ、邮箱、传真、现场)。

③催货的方法(分方法、定期跟踪、现场跟踪、库存跟踪)。

④选择需要跟踪的订单(A、B、C)。

(5)交货后的跟踪

①跟踪药品的检验是否合格,并入库。

②对不合格的药品,组织人员迅速进行处理。

③紧急订单跟进来以后,持续跟催正常订单的交货。

> ### 知识拓展
>
> #### 订单跟踪之供应商跟踪管理
>
> 问:我们该如何进行供应商的管理呢?
>
> 答:企业通常采用考核的方式进行管理。那么,下面就让我们来看看都有哪些考核项目和方式。
>
> 供应商考核主要有哪些项目?
>
> 采购人员通常从价格、品质、交期交量和配合度(服务)几个方面来考核供应商,并按百分制的形式来计算得分,至于如何配分,各企业可视具体情况自行决定。
>
> 1.价格
>
> 根据市场同类材料最低价、最高价、平均价、自行估价,然后计算出一个较为标准、合理的价格。
>
> 2.品质
>
> 批退率:根据某固定时间内(如一个月、一季度、半年、一年)的批退率来判定品质的好坏,如上半年某供应商交货50批次,判退3批次,其批退率 $=3\div50\times100\%=6\%$。批退率越高,表明其品质越差,得分越低。
>
> 平均合格率:根据每次交货的合格率,再计算出某固定时间内合格率的平均值来判定品质的好坏,如1月份某供应商交货3次,其合格率分别为:90%、85%、95%,则其平均合格率 $=(90\%+85\%+95\%)\div3=90\%$。合格率越高,表明品质越好,得分越高。
>
> 总合格率:根据某固定时间内总的合格率来判定品质的好坏,如某供应商第一季度分5批,共交货10 000个,总合格数为9 850个,则其合格率 $=9\ 850\div1\ 000\times100\%=98.5\%$。合格率越高,表明品质越好,得分更高。
>
> 3.交期交量
>
> 交货率 $=$ 送货数量 $\div$ 订购数量 $\times100\%$。交货率越高,得分就越高。
>
> 逾期率 $=$ 逾期批数 $\div$ 交货批数 $\times100\%$。逾期率越高,得分越低;逾期越长,扣分越多;逾期造成停工待料,则加重扣分。
>
> 4.配合度(服务):在配合度上,应分配适当的分数。服务越好,得分越高。
>
> 将以上三项分数相加得出的总分,为最后考核评比分数,以此来考核供应商的绩效。

2.2.2　结　算

1)药品付款流程

在药品采购过程中,首先由企业的采购员与供应商取得联系;再针对合作意向进行洽谈;最后达成合作意向后,签订采购合同。在合同签订过程中需要根据最新的相关法律法规执行。一般药品(不属于急需品种)直接生成采购订单,由供应商送货。收货商按照采购订单要求对药品进行验收,合格后打印验收报告单,并交由保管员进行药品入库。储运部保管员根据药品情况收集信息,并将信息录入系统,发出电子验收信息。采购员获得电子验收信息并确认无误后,打印进仓单。由财务部记账,开具增值税发票,明确记账和应记账项目,整理资料并进行存档。如果要继续调用药品,必须严格按照有关要求验收药品,并打印验收报告单。经检查无误后,直接将药品入库。待储运部保管员检查无误后,将药品信息录入系统,以下是一般药品的处理流程,详情见图 2-1。

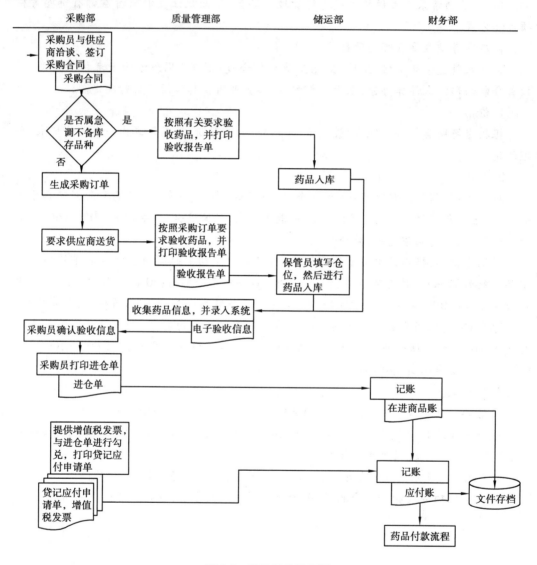

图 2-1　药品付款流程图

2)药品收票流程

供应商按照要求提供药品后,采购人员根据供货清单判断是否有误(包括 5 点内容,详情见图 2-2),确认无误后,由助理核对付款凭证(包括供应商名称、发票号码、凭证)。经过以上交接工作,确认无误后,方可收票。

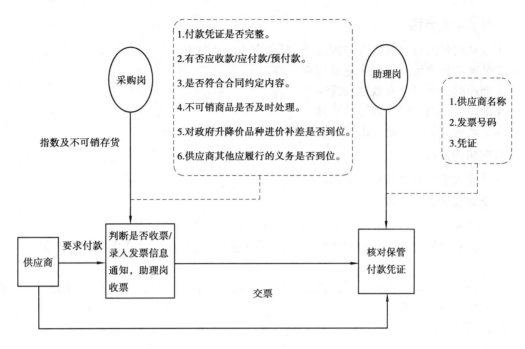

图 2-2 药品收票流程图

3) 结算及付款流程

待采购岗人员判断收票程序完成后,将相关资料交给助理岗。待助理岗人员核对保管、付款凭证无误后,交由结算岗对进货记录进行核对。核对无误后,打印付款申请单,并交回助理岗人员审核。审核同意后,交由部门负责人(业务经理、总经理)进行业务付款审批,同意后转交给财务,经确认无误后,进行付款结算,详情见图 2-3。

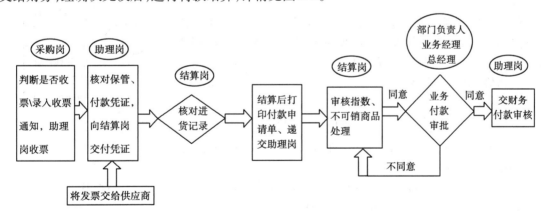

图 2-3 结算通知及付款审批图

2.2.3 需求预测

1) 需求的概念

经济学中需求是在一定的时期,在每个价格水平下,顾客愿意并且能够购买的商品数量。

2）预测的重要性

①准确的预测可以提高客户满意度,提高企业的竞争力。

②准确的预测可以减少企业的库存。

③准确的预测可以有效地安排生产。

④准确的预测可以改善运输管理。

⑤准确的预测可以制订出信息含量更高的定价和促销决策。

3）需求的分类

需求分为单个需求和市场需求。

4）需求量的影响因素

①商品本身的价格。商品的价格与需求量呈反方向变动。

②替代品的价格。当所谓替代品是指使用价值相近,可以互相替代来满足人们同一需要的商品。

③互补品的价格。互补品是指使用价值上必须互相补充才能满足人们某种需要的商品。

④顾客的收入水平。

⑤顾客的偏好。

⑥顾客的预期。

顾客的预期包括对未来商品的价格以及对自己未来收入的预期。当顾客预期某种商品的价格即将上升时,社会增加对该商品的现期需求量,因为理性的人会在价格上升以前购买产品。反之,就会减少对该商品的预期需求量。同样地,当顾客预期未来的收入将上升时,会增加对商品的现期需求,反之则会减少对该商品的现期需求。

⑦顾客规模。

5）预测技术

预测是指根据预测对象的过去和现在的有关信息,通过科学的方法和逻辑推理,对事物未来的发展趋势和水平作出推测和判断(图2-4)。需求预测主要预测未来一定时期某产品需求的数量和发展趋势、市场占有率。

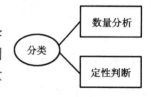

图2-4　预测的分类

（1）数量分析

数量分析是指利用统计资料,借助数学工具,分析因果关系,进行预测。

数量分析预测具体的方法很多,如趋势外推法和回归分析法等。

①趋向外推法

外推法的概念:根据过去和现在的发展趋势推断未来的一类方法的总称,用于科技、经济和社会发展的预测,是情报研究法体系的重要组成部分。

趋势外推法的概念:如果通过对时间序列的分析和计算,能找到一条比较合适的函数曲线来近似地反映社会经济变量 y 关于时间 t 的变化和趋势;那么,当有理由相信这种规律和趋势能够延伸到未来时,便可以用此模型对该社会经济现象的未来进行预测。

②回归分析法

回归分析法的概念:利用数据统计原理,对大量统计数据进行数学处理,并确定因变量与某些自变量的关系,建立一个相关性较好的回归方程(函数表达式),并加以外推,用于预测今后因变量变化的分析方法。回归分析法根据因变量和自变量的个数可分为:一元回归分析和多元回归分析;根据因变量和自变量的函数表达式可分为:线性回归分析和非线性回归分析。

（2）定性判断

在没有较充分的数据可利用时,只能凭借直观材料,依靠个人经验和分析能力进行逻辑判断,对未来作出预测,即为定性判断预测技术。

 案例分析

新技术可准确预测流感病毒抗体变异

《科技日报》东京 2016 年 5 月 27 日电(记者陈超)　一个以日本东京大学、美国威斯康星大学和英国剑桥大学组成的联合研究小组近日宣布,他们成功开发出一项可准确预测季节性流感病毒的新技术。

注射季节性流感疫苗可使血液中产生针对病毒的抗体起到防流感的作用,但如果制造疫苗使用的病毒(疫苗株)与流行病毒之间抗原体不一致,疫苗的预防效果就会大打折扣。因此,每年必须对疫苗株重新分析,以应对抗原频繁发生变异的季节性流感。

生产疫苗一般至少需要半年时间,这意味着必须在流感来临半年之前选定疫苗株。世界卫生组织主要通过分析世界各国病毒监控机构收集到的流行株抗原预测下一年流行的病毒抗原特性,并据此选定和推荐第二年流行季疫苗株。但抗原变异经常使推荐疫苗株与实际流行的病毒抗原体不一致,导致疫苗不能充分发挥预防作用,亟待开发出高精度的预测季节性病毒的技术。

联合研究小组首先开发了人工制造变异性流感病毒的"反向遗传学法",并利用此法向流感病毒遗传基因中导入各种变异,制造出具有不同抗原特征的病毒库。在研究中,他们以 2009 年引起全球流行的病毒(A/H1H1 pdm)为基础制作出病毒库,从中分离出各种抗原变异株,对其遗传基因特征和抗原特征与流行株进行比较后,成功预测了A/H1N1 pdm 引起的抗原变异,并在鼬身上得以证实。在此基础上,研究人员进一步对从香港型 A/H3N2 病毒库分离出的抗原变异株进行分析,成功预测出实际发生在流感季的抗原变异,从而使提前准备与病毒抗原特征一致的疫苗株预防流感成为可能。该研究成果发表在英国《自然·微生物》网络版。

任务 2.3　组织实施采购方案

2.3.1　采购的功能

1）采购的定义

以合理的价格从最合适的供应商处获得所需的物品及服务的有关活动,也称供应管理。

2)采购的四大误区

误区一：采购就是杀价,越低越好,所以应偏重于谈判/技巧;

误区二：采购就是收礼和应酬,不吃白不吃,不拿白不拿;

误区三：采购管理就是要经常更换采购人员,以防腐败;

误区四：采购控制就是急催交货,拖延付款,玩经济魔方。

3)采购的目标和分类

(1)采购的目标

采购的目标是在最合适的时间找到最合适的供应商,以最合适的数量和价格买到品质最合适的商品。

(2)采购的分类

采购按功能可分为短期采购、中期采购、长期采购。

短期采购:主要负责供应,包括应急采购、行政手续、催促、纠纷处理和依合同采买。

中期采购:主要负责采购,包括咨询、询价、供应商评估、供应商跟踪和谈判。

长期采购:主要负责市场开发,包括参与产品定义、市场分析、寻找供应商、新技术跟踪和参与价值分析。

2.3.2 政府药品采购的总体思路和遵循原则

对实施基本药物制度的基层医疗卫生机构使用的基本药物(包括经省政府批准的增补品种),实行以省为单位集中采购、统一配送;坚持政府主导与市场机制相结合,发挥集中批量采购优势,招标和采购结合,签订购销合同,一次完成采购全过程,最大限度地降低采购成本。

实行药物采购机制,实现基本药物安全有效、品质良好、价格合理、供应及时,促进基本药物供应保障体系的建立,保证基本药物的生产供应和合理使用,药品价格得到合理有效的控制,切实保障人民群众的基本药物需求。基本药物集中采购遵循"公开透明,公平公正,诚实守信;质量优先,价格合理"的原则。

2.3.3 组织形式

1)药品招标采购领导机构

省药品招标采购领导小组负责全省基层医疗卫生机构网上药品集中招标采购的协调和领导,涉及药品集中招标采购活动重大事项由领导小组会议审定。省药品招标采购领导小组办公室负责对全省基层医疗卫生机构网上药品集中招标采购工作的组织实施和管理。各设区市、县(区、市)领导小组及办公室贯彻上级有关管理部门制定的相关文件、规定,依照相关法律、法规和政策,对辖区内基层医疗卫生机构网上药品集中采购工作进行组织管理。

2)药品招标采购监督管理机构

省药品招标采购领导小组各成员单位依据职能,负责对全省基层医疗卫生机构网上药品集中招标采购活动进行监督管理;各设区市、县(区、市)监督小组贯彻上级有关管理部门制定的相关文件、规定,对辖区内基层医疗卫生机构网上药品集中采购工作及各方当事人进行监督管理。各监督管理部门依据职能,受理有关集中采购活动中的举报、投诉,对改进和完善药品集中采购工作提出建议。

3)药品招标采购机构

在省药品招标采购领导小组的领导下,在省药品招标采购领导小组办公室的具体指导下,负责全省基层医疗卫生机构网上药品集中招标采购工作具体实施,主要职责是具体操作、提供服务、维护集中招标采购服务平台。

2.3.4 采购的责任体

实施基本药物制度的基层医疗卫生机构使用的药品(包括非目录药品),统一通过政府主导的省医药采购服务平台实行网上集中招标采购。例如,以江西省医药采购服务中心为采购的责任主体,与基层医疗卫生机构签订授权或委托协议;负责定期汇总全省基层医疗卫生机构采购需求,编制基本药物采购计划,实施基本药物采购,并与药品供应企业签订购销合同,负责合同执行。

2.3.5 供货的责任体

原则上用量大的基本药物直接向生产企业采购,由生产企业自行委托经营企业进行配送或直接配送;用量小的基本药物集中打包向药品批发企业采购(含配送)。无论哪种方式,供货主体都必须对药品的质量和供应一起负责。

2.3.6 采购方案

为进一步完善和深化政府集中采购工作,对部分采购规模需求大、次数频繁、技术规格较为标准的采购项目试行批量集中采购,具体内容和程序如下:

1)试行品目

台式计算机、打印机、网络设备(网络交换机、网络路由器、无线局域网产品、网络存储设备、网络监控设备、网络测试设备、网络安全产品、网络应用加速器)等。

2)基本要求

在一个月内(紧急采购任务除外)准备采购台式计算机、打印机、网络设备规模达到一定限额的,不再执行协议供货,应当委托集中采购机构实施批量集中采购。集中采购机构对中央单位报送的批量采购实施计划进行汇总归集,并整合打包,统一组织招标,以实现价格最优,体现集中采购规模优势,提高财政资金的使用效益。

2.3.7 采购程序

批量集中采购每月组织一次。采购流程包括报送批量采购实施计划、汇总归集采购需求、整合打包、编制招标文件、信息公告、抽取专家、评标及公示结果、签订合同等环节。

1)报送计划

主管部门所属各单位每月计划累计采购台式计算机 50 万元、打印机 30 万元、网络设备 120 万元等以上的,应当集中编制批量采购实施计划,并于每月 15 日 17 点前由主管部门按照统一格式将批量采购实施计划及委托书报送集中采购机构,参加当月集中采购机构组织的批量集中采购。超过时间报送的批量采购实施计划,参加下月批量集中采购。

2)合采购需求

报送批量采购实施计划时间截止后,集中采购机构在 5 个工作日内对中央单位批量采购实施计划和需求进行汇总整理,分类打包,编制成具体招标采购需求,包括采购内容、数量、技术性能、售后服务、供货时间及地点等。

3)招标公告

集中采购机构在形成具体招标采购需求后 3 个工作日内,完成招标文件的编制和信息公告的发布。采购公告在财政部指定政府采购信息披露媒体和相关媒体公示 20 天。

4)评标及公示结果

评审专家从财政部专家库随机抽取产生并组成评审委员会。中央单位可派人监督开标和评标活动。评标结束后 2 个工作日内,由采购中心发布采购结果公告,向中标人发放中标通知书,向未中标人发放未中标通知书。

5)签订合同

中标通知书发放之日起 10 日内由中央单位与中标供应商签订采购合同。

任务 2.4　供应商管理

供应商是指直接向零售商提供商品及相应服务的企业及其分支机构、个体工商户,包括制造商、经销商和其他中间商(或称为"厂商"),即供应商品的个人或法人。供应商可以是农民、生产基地、制造商、代理商、批发商(限一级)、进口商等,应避免太多中间环节的供应商。例如:二级批发商、经销商。

在物流与采购中提出客户关系管理并不是什么新概念,在传统的市场营销管理中早就提出了关系营销的思想。但是,在供应链环境下的客户关系和传统的客户关系有很大的不同。在市场营销中的客户指的是最终产品的客户,而这里的客户是指供应商,不是最终客户。

另外,从供应商与客户关系的特征来看,传统企业的关系表现为三种:竞争性关系、合同性关系(法律性关系)、合作性关系,而且企业之间的竞争多于合作,是非合作性竞争。供应商管理维护着客户、中间商与供应商之间的相互联系,以确保成功的合作关系,详情见图 2-5。

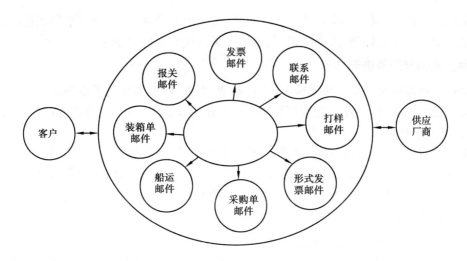

图 2-5 客户、中间商与供应商之间的关系

1) 供应商关系模式

要注意对合格供应商进行持续性管理,供应商并不是越多越好,要培养长期的合作伙伴。在市场上较多的管理模式有两种:一种是竞争关系模式;另一种是双赢关系模式。

（1）竞争关系模式

这种关系模式主要以价格和利益为驱动。其采购策略表现为:

①买方同时向若干供应商购货,通过供应商之间的竞争获得价格优惠,同时也保证供应的连续性。

②买方通过在供应商之间分配采购数量,从而对供应商加以控制。

③买方与供应商保持的是一种短期合同关系。

（2）双赢关系模式

双赢关系模式是一种合作的关系,这种供需关系最先是在日本企业中采用。它强调在合作的供应商和生产商之间分享信息,通过合作和协商相互的行为。

双赢关系的采购策略表现如下:

①制造商对供应商给予协助,帮助供应商降低成本、改进质量、加快产品开发进度。

②通过建立相互信任的关系提高效率,降低交易/管理成本。

③长期的信任合作取代短期的合同。

④比较多的信息交流。

双赢的意义:

从对准时化采购原理和方法的探讨中可以看到,供应商与制造商的合作关系对准时化采购的实施是非常重要的,只有建立良好的供需合作关系,准时化策略才能得到彻底贯彻落实,并取得预期的效果。准时化采购中的供需合作关系具有非常重要的作用与意义。

从供应商的角度来说,如果不实施准时化采购,由于缺乏和制造商的合作,库存、交货批量都比较大,在质量、需求方面都无法得到有效的控制。通过制订准时化采购策略,把制造商的JIT思想扩展到供应商,加强了供需之间的联系与合作,在开放性的动态信息交互下,面对市场需求的变化,供应商能够快速作出反应,提高了供应商的应变能力。

对制造商来说,通过和供应商建立合作关系,实施准时化采购,管理水平得到提高,制造过程与产品质量得到有效控制,成本降低了,制造的灵活性与柔性增加了。

2) 供应商的管理原则和制度

①企业采购部或配套部主管供应商,生产制造、财务、研发等部门予以协助。

②对选定的供应商,企业与之签订长期供应合作协议,在该协议中具体规定双方的权利与义务、双方互惠条件。

③企业可对供应商进行信用等级评定,根据等级实施不同的管理。

④企业定期或不定期地对供应商进行评价,不合格的解除长期供应合作协议。

⑤企业对零部件供应企业可颁发生产配套许可证。

3) 供应商选择与评估

企业在制订如下筛选与评定供应商级别的指标体系:

①质量水平,包括物料来件的优良品率、质量保证体系、样品质量、对质量问题的处理措施。

②交货能力,包括交货的及时性、扩大供货的弹性、样品的及时性、增减订货的批应能力。

③价格水平,包括优惠程度、消化涨价的能力、成本下降空间。

④技术能力,包括工艺技术的先进性、后续研发能力、产品设计能力、技术问题的解决能力。

⑤后援服务,包括零星订货保障、配套售后服务能力。

⑥人力资源,包括经营团队、员工素质。

⑦现有合作状况,包括合同履约率、年均供货额外负担和所占比例、合作年限、合作时的默契程度。

4) 供应商的选择办法

①对每类物料,由采购部进行市场调研后,各提出 5 ~ 10 家候选供应商。

②企业成立一个由采购、质管、技术部门组成的供应商评选小组。

③评选小组初审候选厂家后,由采购部实地调查厂家,双方协填调查表。

④经对各候选厂家逐条对照打分,并计算出总分排序后决定取舍。

⑤核准为供应商的,才能采购;没有通过的,请其继续改进,保留其未来候选资格。

⑥每年对供应商进行重新评估,不符合要求的予以淘汰,从候选队伍中再行补充合格供应商。

⑦企业可给供应商划定不同信用等级,以便进行管理。评级过程参照上述供应商筛选办法。

⑧对最高信用等级的供应商,企业可提供物料免检、优先支付货款等优惠待遇。

5) 供应商管理办法

①企业对重要的供应商可派遣专职驻厂员,或经常对供应商进行质量检查。

②企业定期或不定期地对供应商品进行质量检测或现场检查。

③企业减少对个别供应商大户的过分依赖,分散采购风险。

④企业制订各采购件的验收标准、与供应商的验收交接规程。

⑤企业的采购、研发、生产、技术部门,可对供应商进行业务指导和培训,但应注意企业产

品核心或关键技术不扩散、不泄密。

⑥企业对重要的、有发展潜力的、符合企业投资方针的供应商,可以投资入股,建立与供应商的产权关系。

 知识拓展

认识误区和错误做法

1. 无节制地压低采购单价

在制造业成本构成中,原材料或零部件一般都占有很高的份额,企业高管对原材料或零部件成本予以关注,这本在情理之中,但是,管理者会不知不觉地把关注的焦点放在了原材料或零部件的采购单价上,并期望通过无节制地压低供货价格来提高自身的成本竞争优势。

无节制地压低采购单价的后果是严重的,供应商或许会因为无利可图而被迫停止供货,更坏的情况是供应商为了生存而采取以次充好的应对策略。可见,期望无节制地压低采购价格来获得成本优势,不仅背离了精益管理思想,而且企业还可能为此付出惨痛代价。

2. 太多审核监管,太少辅导支持

许多企业抱怨,供应商能力低下,交货品质等总是达不到要求。面对问题,许多管理者想到的是,通过加强审核监督,甚至采用重罚等手段来达到目的。至于对供应商实施辅导,帮助其提升管理水平方面,则没有意识或少有作为。其结果是,供应商能力提升缓慢,考核和处罚还会增加供需双方的不信任感,以至于出现相互推诿的现象。

3. 拖欠货款成了被奖赏的能力

有的企业以为,能够拖欠供应商货款是采购方值得称道的能力,并以此来考核采购的工作绩效。其结果是,企业想方设法拖欠货款,还经常找供应商茬子,以品质不良或交货延迟等为理由不支付或少支付。这样做的后果是,企业信用和形象严重受损。曾有这样一个案例:一个国外的供应商再也不想和国内某大牌企业做生意了,原因是对方不仅做事霸道,而且支付信用很差。

4. 供应商不行就换

在一些企业看来,更换供应商易如反掌,因为有太多的中小企业等着成为他们的供应商。在不断更换供应商的过程中,这些企业确实能够从中得到实惠。但是,这样做的缺点也是显而易见的,那就是在供应链整体能力提升方面无所作为,缺乏积累,而且还会在企业信用和形象上遭受莫大的损失。

---

6)新增供应商须注意检查的相关证件

①检查供应商营业执照复印件,并加盖供应商公章。

②检查供应商税务登记证复印件,并加盖供应商公章。

③检查供应商药品生产许可证复印件,并加盖供应商公章。

④检查供应商 GMP 证书复印件,并加盖供应商公章。

⑤检查供应商营业执照复印件,并加盖供应商公章。

⑥检查供应商税务登记证复印件,并加盖供应商公章。

⑦检查供应商药品经营许可证复印件,并加盖供应商公章。

⑧检查供应商 GSP 证书复印件,并加盖供应商公章。

⑨检查供货质量保证协议并加盖供应商公章。

⑩检查企业法人委托书并加盖供应商公章。

⑪检查销售人员身份证复印件。

⑫检查购销员资格证复印件。

知识拓展

进口药品质量审核标准

1. 供货单位一证一照(有效期、范围、原印章,企业名称地址法人一致)。

2. 供货单位的税务登记证。

3. 法人委托书原件(注意授权范围、有效期、时间、公章、法人签名)。

4. 身份证复印件。

5. 进口药品注册证的复印件(注意供货单位的原印章、有效期、注册证号)。

6. 进口检验报告书的复印件(送检单位原印章或复印章加盖供货单位原印章)。

7. 商标注册证。

8. 价格登记表。

9. 样品。

10. 如直接从进口单位购进"进口药品检验报告书"上所标明的全部数量进口药品时,应要求供货单位提供检验报告原件。

11. 生物制品和精神类药物和进口中药材还需提供一次性批件。

国产药品的质量审核标准

1. 生产企业的一证一照(年审登记、有效期、范围、原印章,企业名称地址法人一致,若不一致,需提供变更证明)。

2. 经营企业的一证一照(要求同上)。

3. 供货单位税务登记证的复印件。

4. 企业法人委托书的原件(注意授权范围、有效期、时间、公章、法人签名)。

5. 身份证复印件,购销员证。

6. 生产企业 GMP 证书的复印件。

7. 与厂家相符的批文及附件的复印件(若企业变更,需提供工商局或药监局的批件)。

8. 药品检验报告书(首营品种提供第一批送货批号的检验报告书和市级以上药检所的检验报告)。

9. 与生产企业名称相符的、在有效期内的注册商标证(若注册人变更,应提供证明)。

10. 价格登记表。

11.样品(符合药品包装、标签、说明书的管理规定及实施细则)。

12.药品包装、标签、说明书药监备案批件。

13.有效期内的专利证书(专利号与包装一致、类型与证书一致)。

14.非处方药审核登记证书及附件(包装标签和说明书)的复印件。

15.条形码成员证。

16.质量标准。

任务2.5 采购成本管理

进行采购成本管理要充分动员和组织企业全体人员,在保证产品质量的前提下,对企业生产经营过程的各个环节进行科学合理的管理,力求以最少生产耗费取得最多的生产成果。

成本管理活动是一个大循环,通过持续改进来改善成本管理,减少或杜绝资源的浪费和损失,使成本降到尽可能低的水平,再进行成本管理活动的另一个大循环。

成本管理是企业管理的一个重要组成部分,它要求系统而全面、科学且合理,它对促进增产节支、加强经济核算,改进企业管理,提高企业整体管理水平具有重大意义。

2.5.1 影响成本管理的因素

1)成本管理的要点内容

①企业成本模式与竞争优势。

②理解成本的构成及与自身工作的关系。

③选择有利于成本控制的成本计算方法。

④通过成本分析有效控制成本。

⑤结合企业自身情况,找到成本控制的关键点。

2)成本管理主要考虑的几个方面

①不违反法律法规。

②不影响顾客满意度。

③不侵害员工利益(法定的)。

④不影响技术进步。

⑤不影响产品质量。

3)成本管理收益

成本管理是构建全面的企业成本管理思维,改善企业成本的有效方法。要想做好成本管理,需做好以下几个方面:①跳出传统的成本控制框架,从企业整体经营的视角,更宏观地分析并控制成本;②掌握成本核算的主要方法及各自的优缺点,根据情况的变化改良现有的核算体系;③掌握成本分析的主要方法,为决策者提供有效的成本数字支持。

4)ABCM 管理效益

ABCM 管理主要包括:产品服务质量、供应商管理、定价报价、客户关系管理、新产品研发、产能管理、计划与预算、质量管理、财政管理和价值管理等。

2.5.2 管理办法

1)基本任务

认真执行财经纪律,严格控制成本开支范围和开支标准;通过预测、控制、分析和考核,挖掘降低成本的潜力,提高经济效益。

(1)涉及部门

成本管理涉及的部门为生产部门、安保部门、人劳部门、物料供应部门、办公室、总务部门、财务部门。

(2)开支范围

工资、职工福利费、折旧费、税金、保险费、失业保险、养老保险、住房公积金、劳动保险费、水资源费及水文测报费、工会经费、教育经费、土地使用费、物料消耗、修理费、办公费、水电费、差旅费、低值易耗品摊销、劳动保护费、运输费用、租赁费、业务招待费、其他费用。

(3)合理划分生产成本与管理费用的界限

为规范管理,使单位与单位之间有可比性,下列各项在生产成本中列支:

①直接生产人员的工资(指工资总额)及按规定提取的福利费。

②直接生产人员的劳动保护用品及防暑降温费、值班被褥。

③直接被生产耗用的各种材料、备品备件和低值易耗品等。

④固定资产折旧费。

⑤因生产需要从外单位租入固定资产的租金。

⑥水资源费及水文测报费。

除以上各项费用外,其余都在管理费用中列支:

①购置和建造固定资产、无形资产和其他资产的支出。

②设备技术改造支出。

③对外投资的支出。

④被罚没的财物、支付的滞纳金、罚款、违约金、赔偿金以及赞助、捐赠、联合办学等费用。

⑤国家规定以外的社会保险,如简易人身保险。

⑥法律法规规定不得列入成本的各种费用。

2)成本计划

(1)成本计划的编制

①以企业下达的生产计划及费用开支标准等为依据,企业高层领导和财务部门负责组织,各归口管理部门通力协作,保证成本计划指标的先进性和可行性。

②成本计划除列示数字外,还应附文字说明。

③年度开始前一个月,由归口管理部门分季编制本部门的用款计划,有定额标准的,按定

额标准;无定额标准的,则按生产经营管理工作的实际需要进行编制。然后由财务部门综合汇总后提交上级部门,由部门领导组织有关人员根据年度生产计划进行成本预测,平衡后于12月上报成本计划建议数(大修费用应专题上报)。

(2)成本计划的控制

各部门接到企业下达的正式成本计划后,将费用按性质分解落实到归口管理部门或个人,由其负责控制。成本中的可控费用与非可控费用不可互相挪用,可控费用各项目之间可以互相调剂使用。

(3)成本分析与考核

①分析应按年度和季度进行,内容包括计划、实际差异和差异原因分析,对成本升降原因作详细说明,以便修正计划或提出改进管理措施。

②对不按成本开支范围,将福利性支出或资本性支出计入成本,以及对突破计划不分析、不追加计划的盲目开支或虚列成本的行为,视其性质和情节轻重扣减工资。

 知识拓展

常见问题与管理误区

常见问题:秋后狠算账;只会算小账;只算眼前账;忽略人心账;各算各的账。

建议意见:更新成本管理观念;结合实际,切忌生搬硬套。

管理误区:

1.一味以降低成本为目标,管理与战略相脱节。

2.基础工作做得不够,给成本计划、成本决策等管理带来困难。

3.分析体系不完善,难以对决策做出有力支持。

4.企业不重视"隐没成本",导致"隐没成本"成为企业发展的绊脚石。

5.未能进行成本全过程控制。

6.考核未完全落实到位。

2.5.3 战略成本管理体系

药品自生产出来后,从药厂到达顾客(患者)手中这一过程的耗费,包括运输成本、检验成本、包装成本、仓储成本等。从"仓库"到"仓库"的物流模式:医院设有自己的药品仓库,药房日常用药由药品仓库供应。制药企业、药品流通企业以及医院都在投资建设自己的仓库,各仓库分别由各方管理,即它们在负责药品生产、流通或销售的同时,也全权负责商品流动或管理的事务。传统的药品物流模式存在着物流成本高、效率低的严重缺陷。

准时化生产JIT(Just in Time)是"二战"以后最重要的生产方式之一。由于它起源于日本的丰田汽车企业,所以曾被称为"丰田生产方式",后来随着这种生产方式的独特性和有效性被越来越广泛地认识、研究和应用,人们才称为JIT。随着经济全球化,市场竞争更加激烈,竞争方式已由原来企业与企业之间的竞争,转变为供应链与供应链之间的竞争。因此,在供应链

管理的环境下,采购将由库存采购向以订单驱动方式进行,以适应新的市场经济。我们知道,制造订单的需求是在客户订单需求的驱动下产生的,采用准时化生产的订单方式,可以使供应链系统能准时响应客户的需求,同时也能较大幅度地降低库存成本。

现代药品物流准时化生产模式的基本思想:在恰当的时间、恰当的地点,以恰当的数量、恰当的质量提供恰当的物品。具体展开来说,有以下 3 个方面。

①各医药流通企业应通过合并、收购等方式,做大做强,从而更好地整合资源,提高效率,更快速地满足市场的需求。

②设立一套科学的供应商评价体系,考虑价格、质量、交货时间、企业经营状况和信息化水平等因素,恰当地选择供应商。

③完善信任机制,向对方公开自己的信息,实行信息共享,且应该长期维持合作关系,不要轻易更换供应商。

1)物流成本控制

①从功能管理转向过程管理。
②制订供应链运营计划。
③慎重发展现代化物流中心。
④建立物流成本核算体系。

2)人力资源成本控制

对以人工作业为主的医药物流企业而言,人力成本的增长是企业经营的又一大"痛"点。如果将各项用人、薪酬制度全面完善起来,人工成本的增长将超过30%。此外,随着企业的跨越式发展,每新建一家有规模的异地分公司,就需要大量成熟的经营和作业人员加盟。因此,人才招聘也成为制约企业发展的严峻问题。

常用人力资源成本控制措施有以下 3 条:

①流程优化和规范性用人,合理调动员工的积极性。

②充分盘活仓储、运输资源,对外开展面对学校和社会的第三方物流培训,这样既可以降低综合用人成本,也能把仓库变成一个新的盈利点。

③提升对现有员工的投入成本,如增加培训学习机会等,以此获得员工工作意愿和工作激情,最终以提升工作效能来降低成本。

3)税收成本控制

路桥费、罚款、税收等税费成本占到物流企业成本的50%左右。可以说,税收这样的体制性成本,已经成为物流企业的"硬成本",医药企业同样无法回避。

医药企业必须树立税收成本意识:

①以成本效益为核心,强化税收筹划。
②加强企业纳税意识,减少企业遵从成本。
③开展企业内部纳税审计,完善内部监督机制。
④加强税企之间的协调,建立良好税际关系。
⑤提高办税人员的执业水平和专业素质。

4)成本控制信息系统

此系统将成本控制理念、组织模式、控制方法、实施流程和原始信息有效地集成起来,予以标准化,构建一个完整的电子化管理平台,并与企业其他管理控制系统整合,确保成本控制系统高效运转。

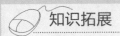 知识拓展

WMS

WMS 是仓库管理系统(Warehouse Management System)的缩写,是指通过入库业务、出库业务、仓库调拨、库存调拨和虚仓管理等功能,对批次管理、物料对应、库存盘点、质检管理、虚仓管理和即时库存管理等功能进行综合运用的管理系统。该系统能有效控制并跟踪仓库业务的物流和成本管理全过程,实现或完善企业仓储信息管理,也可以独立执行库存操作,还可与其他系统的单据和凭证等结合使用,为企业提供更完整的企业物流管理流程和财务管理信息。

WMS 在我国的应用如下:

第一类:基于典型的配送中心业务的应用系统。此类系统在销售物流中心如连锁店的配送中心,在供应物流中如生产点的零配件配送中心都能见到。

第二类:以仓储作业技术的整合为主要目标的系统。此类系统能解决各种自动化设备信息系统之间整合与优化的问题,不仅要整合设备系统 WMS 在我国的应用,也要整合工艺流程系统,还要融入更大范围的企业整体信息化系统。其涉及的流程相对规范、专业化,多出现在大型系统之中。

第三类:以仓储业的经营决策为重点的应用系统。此类系统为仓储业经营提供决策支持信息,是具有非常灵活的计费系统、准确及时的核算系统和功能完善的客户管理系统。

2.5.4 配送成本控制

1)配送成本的构成

(1)配送运输费用

①车辆费用。

②营运间接费用。

③分拣设备费用。

④配装辅助费用。

⑤配装人工费用。

⑥流通加工材料费用。

(2)分拣费用

①分拣人工费用。

②分拣设备费用。

（3）配装费用

①配装材料费用。

②配装辅助费用。

③配装人工费用。

（4）流通加工费用

①流通加工设备费用。

②流通加工材料费用。

2）配送成本控制

（1）加强配送的计划性

基本原则：在尽量减少零售店存货和缺货损失的前提下，相对集中地进行各零售店的订货。应针对商品的特性，制定相应的配送申报制度。

（2）确定合理的配送路线

配送路线合理与否对配送速度、成本、效益影响很大，必须满足一定的约束条件。

3）降低成本的策略

①混合策略。

②差异化策略。

③合并策略。

④延迟策略。

⑤标准化策略。

项目3　药品营销管理

【知识目标】

➤ 了解营销的概念和重要性；

➤ 能够灵活处理客户投诉；

➤ 能够对物流市场进行调研工作和资料整理；

➤ 能够制订销售方案。

任务 3.1　前期准备与谈判

3.1.1　药品营销的前期准备

1)客户信息的重要性

为什么要去了解客户信息？因为尽可能多地了解客户的相关信息是在营销方面的一个前期准备,也可以算作一个前提。

(1)客户信息是一家企业的决策基础

任何一家医药物流企业总是在特定的客户环境中经营发展的。换句话说,就是有什么样的客户环境,就决定了有和他相适应的经营战略和策略。

(2)客户信息是进行客户分级的基础

很多时候,企业只有收集全面的客户信息,特别是客户与其他医药企业的交易信息,才能知道自己有的是哪些客户;才能知道这些客户的价值分别在哪里;才能正确区分优质和劣质客户。

(3)客户信息是让客户满意的基础

现在很多大众的营销、广告、服务都不能实现针对性。这样造成的结局是不但没拉近与客户的沟通,反而还拉大了企业与客户之间的距离。

在掌握详尽信息的前提下,我们可以根据客户的需求特征以及行为爱好,然后有针对性地为客户提供个性化的物流服务,从而提高客户对企业的满意度。

2)掌握客户信息

(1)客户信息的类别

根据客户的实际情况分为两类:一类为前来谈判的个人客户信息;一类为将要谈判的企业客户信息。

(2)客户的相关信息

①基本信息:企业名称、地址、电话、创立时间、组织方式、业种、资产。

②客户特征:规模、服务区域、经营理念、方向、特点、企业形象、声誉。

③业务状况:销售能力、销售业绩、发展潜力与优势、存在的问题及对策。

④交易状况:交易条件、信用状况以及出现过的信用问题、与客户之间的关系合作态度。

⑤负责人的信息:企业所有者、经营管理者、法人代表等的姓名、年龄、学历、个性、兴趣爱好、家庭、能力素质,等等。

3)收集客户信息的渠道

根据客户与企业之间的各种接触机会,将客户信息收集的渠道分为直接渠道和间接渠道两种。

(1)直接渠道

①在调查中获取客户信息;②在营销中获取客户信息;③在服务中获取客户信息;④在终端收集客户信息;⑤通过展览会、展销会、洽谈会了解客户信息;⑥网站和呼叫中心是收集客户信息的新渠道;⑦从投诉中收集客户信息。

(2)间接渠道

①各种媒介;②工商行政管理部门及驻外机构;③国内外金融机构及分支机构;④国内外咨询企业及市场研究企业;⑤从已建立客户数据库的企业租用或者购买。

4)管理客户信息

客户数据库的运用是全面收集现有客户、潜在客户或者目标客户的综合数据资料,追踪和掌握现有客户、潜在客户和目标客户的情况、需求和偏好,并进行深入的统计、分析和数据挖掘,从而使企业的营销工作变得更有针对性。

3.1.2 谈判礼仪

1)了解谈判礼仪

礼仪是在交往中体现出来的人们之间互相尊重的意愿,就是与人交往的程序、方式以及实施交往行为时的外在表象方面的规范,包括语言、仪容、仪态、风度等。从交际的角度来看,礼仪可以说是人际交往中适用的一种艺术、一种交际方式或交际方法,是人际交往中约定俗成的示人以尊重、友好的习惯做法。从传播的角度来看,礼仪是在人际交往中进行相互沟通的技巧。

2）礼仪的作用

礼仪是塑造形象的重要手段。在社会活动中,交谈讲究礼仪,可以变得文明;举止讲究礼仪,可以变得高雅;穿着讲究礼仪,可以变得大方;行为讲究礼仪,可以变得很美好。只要讲究礼仪,事情都会做得恰到好处。总之,一个人讲究礼仪,就可以变得充满魅力。

3）礼仪分类

礼仪可以具体分为以下五类,见图3-1。

（1）商务礼仪

商务礼仪是在商务活动中体现相互尊重的行为准则。商务礼仪的核心是一种行为的准则,用来约束我们日常商务活动的方方面面。商务礼仪的核心作用是为了体现人与人之间的相互尊重。这样我们学习商务礼仪就显得更为重要。我们可以用一种简单的方式来概括商务礼仪,它是商务活动中对人的仪容仪表和言谈举止的普遍要求。

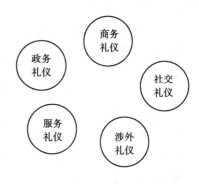

图3-1 礼仪的分类

（2）政务礼仪

政务礼仪是指国家公务机关及相关事业单位在内部沟通交流及对外服务,与社会接触时的礼仪标准及原则。随着社会的变革与发展,以及服务型政府的不断完善和进步,政务礼仪的适用人群也拓展到除国家机关外的多数窗口单位的技能。其本质是通过系统的交流原则与技巧,维护机关单位的形象,提高服务的质量与好评度,拉近双方的距离,使工作更加顺利地进行。

（3）服务礼仪

服务礼仪是各服务行业人员必备的素质和基本条件。出于对客人的尊重与友好,在服务中要注重仪表、仪容、仪态和语言、操作的规范;热情服务则要求服务员发自内心热忱地向客人提供主动、周到的服务,从而表现出服务员的良好风度与素养。

（4）社交礼仪

社交礼仪是指人们在人际交往过程中所具备的基本素质、交际能力等。社交在当今社会人际交往中发挥的作用愈显重要。通过社交,人们可以沟通心灵,建立深厚友谊,取得支持与帮助;可以互通信息,共享资源,对取得事业成功大有裨益。

（5）涉外礼仪

涉外礼仪是涉外交际礼仪的简称。即,中国人在对外交际中,用以维护自身形象、对外交往对象表示尊敬与友好的约定俗成的习惯做法。

4）形象礼仪

（1）讲究打扮

参加谈判时,谈判员一定要讲究自己的穿着打扮。此举并非是为了招摇过市,而是为了表示自己对谈判的高度重视。

①修饰仪表。参加谈判前,应认真修饰个人仪表,尤其是要选择端庄、雅致的发型。一般不宜染彩色发。男士通常还应当剃须。

②精心化妆。出席正式谈判时,女士通常应当认真进行化妆。但是,谈判时的化妆应当淡雅清新、自然大方,不可以浓妆艳抹。

③规范着装。参加正式谈判时的着装一定要简约、庄重,切忌"摩登前卫"、标新立异。一般而言,选择深色套装、套裙,白色衬衫,并配以黑色皮鞋,才是最正规的。

(2)保持风度

在整个谈判进行期间,每一位谈判者都应当自觉地保持风度。具体来说,在谈判桌上保持风度,应当主要兼顾以下两个方面。

①心平气和。在谈判桌上,每一位成功的谈判者均应做到心平气和,处变不惊,不急不躁,冷静处事。既不成心惹谈判对手生气,也不自己找气来生。在谈判中始终保持心平气和,是任何高明的谈判者应保持的风度。

②争取双赢。谈判往往是一种利益之争,因此谈判各方无不希望在谈判中最大限度地维护或者争取自身的利益。然而从本质上来讲,真正成功的谈判,应当以妥协(即有关各方的相互让步)为其结局。这也就是说,谈判不应当以"你死我活"为目标,而是应当使有关各方互利互惠,互有所得,实现双赢。在谈判中,只注意争利而不懂得适当地让利于人;只顾己方目标的实现,而指望对方一无所得,是既没有风度,也不会真正赢得谈判的。

 **知识拓展**

商务谈判的基本礼仪

1. 树立良好的个人形象

1)男士的仪容仪表标准

①发型、发式。

②面部修饰。

③着装修饰:在正式的商务场合,男士着装总的要求是穿西装,打领带;衬衫的搭配要适宜,杜绝穿夹克衫,也不允许穿休闲裤。

④必备物品。

2)女士仪容仪表的标准

①发型、发式:整洁利落、端庄大方。

②面部修饰:淡妆修饰、稳重为先。

③着装修饰:简约庄重。

④必备物品。

2. 文明得体的言谈举止

①举止:放松心态、自然面对。

②语言:条理清晰、言简意赅。

3. 谈判座次安排

①长方形或椭圆形——双边谈判。

②圆形或方形——多边谈判。

注意:宾主之位要区分得当、座次安排要根据实际情况灵活安排。中国传统以左为上,国际惯例以右为上。

4.谈判中语言表达的技巧与礼仪

①"答话"技巧:幽默肯定胜过生硬,遇到难题模糊答,僵持不下要灵活,不能回答不勉强。

②"听话"技巧:心到、思考、参与。

5.眼神及肢体语言的应用技巧与礼仪

①眼神:自然凝视。最忌扫视、侧视及闭眼。

②肢体语言:避免易给对方造成误会的姿势。

3.1.3 谈 判

1)销售谈判

销售谈判是指销售人员为了把自己的产品以最高的价位、最低的成本推销给采购方所进行的磋商。目的是成功地签订销售合同。

2)销售谈判的计划与准备阶段

(1)确定谈判目标

①知道自己需要什么:如果没有事先考虑好自己应该从谈判中得到什么就开始进行谈判,那么谈判结束后:

a.你可能会带着很多"礼物"离开;

b.你可能会放弃有价值的项目,代之以得到无价值的东西而告终。因此谈判结束时,对自己需要得到什么应该有一个明确的设想。

②知道自己为什么需要它:对你而言,得到的结果对你有什么用。弄清楚你为什么想得到这个东西,可能会有助于你达到隐蔽的目的,即使这些原因你未曾有意识地去考虑。

③如果没有实现自己的目标,将会发生什么事情:如果没有得到自己想要的结果,可能发生的最坏的事情是什么。自己如果能够接受,或者说当你明白会发生什么时,或许你能找到解决问题的其他方法。

④知道自己首先要考虑的事:将自己在谈判中想要得到的全部目标分解成若干组成部分,考虑一下:哪一部分首先考虑;哪一部分居其次;哪一部分最后才考虑。

⑤自己不能接受的是什么:在谈判中,也许有些条件是自己无论如何也不能接受的。如果谈判将迫使你要超越出这些原则性的限度,也许你就不值得再花时间和精力继续谈下去了。

⑥知道自己的谈判底线:在谈判中,你能做的最有价值的事情之一就是弄清自己在谈判中的底线。这样你就可以知道,谈到什么时候你应终止谈判;什么时候可以说"是",什么时候可以说"不";什么时候态度必须强硬;什么时候,可以离开谈判桌结束谈判。也就是说,如果到

了这条底线,你就可以考虑自己应该去做什么了。

⑦设定谈判的顶线目标、现实目标、底线目标:

比如说,当你知道自己想要什么,不想要什么,什么对自己最重要时,你就可以开始为自己拟订谈判的顶线目标、现实目标、底线目标。这些目标是你将希望达到的结果和拥有的活动范围具体化的一个方面。

⑧自己能做出什么让步:谈判充满讨价还价、妥协、让步,为了得到自己想要的结果,就要做出一些让步。所以应考虑你准备做出什么让步来实现自己所希望的谈判结果,这时应该弄清:

a. 我必须拥有什么? 什么东西我不准备做出任何让步?

b. 什么对我来说不重要?

c. 我有什么必须拿去作为交换条件或准备放弃的?

(2)考虑对方需要

谈判的准备工作不能仅仅考虑自己的要求和需要,同时也要考虑谈判对方可能需要什么。这时需要你作一个换位思考,站在对方的位置上来考虑问题。如果你是对方,在谈判中你需要什么;你为什么需要它;你需要得到这个结果背后的原因可能是什么;什么问题对你来说最重要;你首先要考虑的是什么;什么问题你不能做出丝毫让步。

对你来说最糟糕的结果可能是什么;你的顶线目标、现实目标、底线目标是什么;你准备拿来交换的是什么;你可能会失去什么;你为了支持你的立场可能会提出哪些问题;你是否有足够的事实数据或信息来支持你的立场与观点。

虽然你不能准确地回答上述问题,但经过仔细考虑和推测这些问题,你就能更好地把握谈判的进程与方向。

(3)制订谈判策略

制订好你的全部战略是谈判准备工作的重要组成部分,其重点如下:

①第一次会面时,我们应当提哪些问题?

②对方可能会提哪些问题? 我们应如何回答这些问题?

③我们是否有足够的事实数据和信息来支持我方的立场? 如果没有,应增加哪些信息?

④我们应当采取什么样的谈判风格?

⑤选择谈判地点、时间。

⑥如何开局?

⑦以前的谈判可能对这次谈判产生怎样的影响?

⑧谈判所在地的习惯、风俗可能会怎样影响彼此?

(4)谈判过程

①谈判之初。谈判双方接触的第一印象十分重要,言谈举止要尽可能创造出友好、轻松的良好谈判气氛。作自我介绍时要自然大方,不可露傲慢之态。被介绍到的人应起立一下微笑示意,可以礼貌地说"幸会""请多关照"之类的话语。询问对方要客气,如"请问尊姓大名"等。如有名片,要双手接递。介绍完毕,可选择双方共同感兴趣的话题进行交谈。稍作寒暄,以沟通感情,创造温和气氛。

谈判之初的姿态动作也对把握谈判气氛起着重大作用,应目光注视对方时,目光应停留于对方双眼至前额的三角区域正前方,这样使对方感到被关注,觉得你诚恳严肃。手心朝上比朝下好,手势自然,不宜乱打手势,以免造成轻浮之感。切忌双臂在胸前交叉,那样显得十分傲慢无礼。

谈判之初的重要任务是摸清对方的底细,因此要认真听对方的谈话,细心观察对方的举止表情,并适当给予回应,这样既可了解对方的意图,又可表现出尊重与礼貌。

②谈判之中。这是谈判的实质性阶段,主要是报价、查询、磋商、解决矛盾、处理冷场。

报价——要明确无误,恪守信用,不欺蒙对方。在谈判中报价不得变幻不定,对方一旦接受价格,即不再更改。

查询——事先要准备好有关问题,选择气氛和谐时提出,态度要开诚布公。切忌气氛比较冷清或紧张时查询,言辞不可过激或追问不休,以免引起对方反感甚至恼怒。但对原则性问题应当力争不让。对方回答查问时不宜随意打断,答完时要向解答者表示谢意。

磋商——讨价还价事关双方利益,容易因情急而失礼,因此更要注意保持风度,应心平气和,求大同,存小异。发言措辞应文明礼貌。

解决矛盾——要就事论事,保持耐心、冷静,不可因发生矛盾就怒气冲冲,甚至进行人身攻击或侮辱对方。

处理冷场——此时主方要灵活处理,可以暂时转移话题,稍作松弛。如果确实已无话可说,则应当机立断,暂时中止谈判,稍作休息后再重新进行。主方要主动提出话题,不要让冷场持续过长。

③谈成签字。签字仪式,通常是指订立合同、协议的各方在合同、协议正式签署时所正式举行的仪式。举行签字仪式,不仅是对谈判成果的一种公开化、固定化,而且也是有关各方对自己履行合同、协议所做出的一种正式承诺。

在具体操作签字仪式时,可以依据下述基本程序进行运作。

a. 宣布开始。此时,有关各方人员应先后步入签字厅,在各自既定的位置上正式就位。

b. 签署文件。通常的做法,是首先签署应由己方所保存的文本,然后再签署应由他方所保存的文本。依照礼仪规范,每一位签字人在己方所保留的文本上签字时,应当名列首位。因此,每一位签字人均须首先签署将由己方所保存的文本,然后再交由他方签字人签署。此种做法,通常称为“轮换制”。它的含义是:在文本签名的具体排列顺序上,应使有关各方均有机会轮流居于首位一次,以示各方完全平等。

c. 交换文本。各方签字人此时应热烈握手,互致祝贺,全场人员应热烈鼓掌,以表示祝贺之意。

任务 3.2　处理客户投诉

处理客户投诉,解决纠纷是营销人员的一项重要工作,要求营销人员能够妥善处理好投诉,能有效地控制市场和促进销量;及时处理,将问题解决在萌芽阶段;一出问题,要求在接到投诉后 2 天内到达事发地。

做好组织工作,选定好场合和参加人员(一般除请当事人参加外,还要请当地 1~2 位有权威的人参与更好)。在处理投诉前一定要先了解问题发生的经过和原因。首先应抱着对投诉者同情和理解态度,并向参加处理的各方明确地表现出这种态度,以消除大家的疑虑和戒备心理。然后陈述事故发生经过。由当事人、经销商及相关人介绍,并指派专人记录。与当事人一道按以下步骤开展调查:按照药品、药品原料、药品验收、药品进库、药品出库、其他相关(仓库温湿度、相对地面高度等)情况的步骤,依次检查。其中,对药品及其药品原料,投诉意见及重大相关物品进行取样,并与企业方、投诉方共同封样签字,以备鉴定。

3.2.1 事实分析

根据事实进行分析,提出结论性的推断,并充分证实论点,让参与者认可。

1)处理客户投诉的意义

对提出投诉的客户来说,如果他们的问题能够得到及时妥善的解决,他们会比问题没有得到解决的客户更加感到满意! 多数不满意的客户不抱怨,他们只是保持沉默。当他们感到你的商品或服务有什么使他们不满意了,他们就直接离开你去惠顾其他的企业。

2)客户投诉的影响

①客户数量下降——直接影响。

②平均每个不满意的客户会把他不满意的购买经历告诉 20 个以上的人;通常认为,25~50 个遇到问题的客户中只有一个人会向企业投诉。那么这个结果就有些可怕:我们每收到一个投诉,可能已经有 500~1 000 名客户消失了! 也就是说,当你知道一个客户投诉的案例时你这时可能已经失去超过 500 名潜在客户。

③企业声誉、品牌形象受损,甚至使企业垮掉。

④与顾客对簿公堂。

3.2.2 客户投诉的内容

①商品质量的投诉。
②购销合同的投诉。
③货物运输投诉。
④服务投诉。

3.2.3 处理客户投诉的目的

①消除不满,恢复信誉。
②确保品质,保证体制。

③收集信息,加以利用。
④转变视角,发现需求。

3.2.4 处理客户投诉的原则

①有章可循。
②及时处理。
③分清责任。
④留档分析。
语言表达自信,保持平静,不打断客户倾诉。
放下手中的工作,耐心倾听。
对对方情感的理解,控制自己的情绪。
分析事件产生的原因。

3.2.5 处理客户投诉的方法和步骤

①鼓励顾客倾诉。
②获得和判断事实的真相。
③提供解决办法。
④公平解决索赔。
⑤建议销售。
⑥建立商誉。
接受投诉,迅速受理,绝不拖延。避免对客户说"请等一下"。
当客户的出气筒,安抚客户,平息客户的怨气;采取低姿态,承认错误,平息怒气,让客户在理智情况下分析、解决问题。
澄清问题。
探讨解决。
采取行动,迅速对客户投诉的问题进行有效解决。
感谢客户,感谢客户对企业的信任和惠顾。

3.2.6 有效处理客户投诉的要点

①建立客户投诉管理体系。
②后续服务的实施。
③虚心接受投诉。

④追究原因。

⑤采取应急措施。

⑥改善缺点。

3.2.7 有效处理客户索赔

①面对客户时,应切记以诚恳、亲切的态度处理。

②如明显是本企业问题,应首先迅速向客户致歉,并尽快解决。

③对投诉的处理,以不影响一般顾客对本企业的印象为准则。

④责任不在本企业时,应由承办人确定是否赔偿以及赔偿的额度。

⑤当赔偿事件发生时,应将有关情况通报相关部门。

⑥发生客户索赔事件时,应对客户给予补偿。

任务 3.3　客户投诉的案例分析

 案例1

　　北京逐渐春意盎然的天气让林先生觉得心情舒畅。因为气温的回升意味着上街购物的人会增多。林先生一直对自己一手创办起来的某成衣品牌很有信心。

　　但刚走进办公室,一个加盟商的电话却迅速让林先生的眉头打了个结。

　　"林总,你们这到底请的是哪家物流企业呀?没有送到专卖店也就算了,还要我们自己到托运站取。接到货一看,吓一跳,外面包裹的箱子都破了,有的连里面的编织袋也磨破了。好几件衣服都没法看,脏兮兮的全是褶,叫我们如何卖出去?我们可是交了钱的,一套好几千呢?"

　　林先生伸手揉了揉眉心,定了定神,用尽可能平和的语调回复:"您放心,我们会对每一位加盟商负责的。那些包装破损的衣服,如果您愿意收,我们会给您补偿干洗熨烫费用的。"挂断电话,林先生的怒火终于爆发了。这已经记不清是这家物流企业第几次送货迟到了,态度恶劣不说,取货、送货迟,还缺损严重。刚过的"情人节",和所有的商家一样,林先生的企业也搞了一系列促销活动。但从2月13日促销活动开始,翘首盼望的情侣到2月15日也没看到促销服装的影子,总经理办公室的电话都快被打爆了。后来林先生才知道,这家物流企业的线路出了问题,那批促销的服装2月16日才勉强送到。一向态度温和的林先生和那家物流企业的老总大吵了一架,还差点打起官司。

　　你如何处理?

案例2

顾客王某在购买某品牌笔记本后,对其质量不满。1998 年 8 月 10 日,王某在某刊物上发表中文称,"该品牌笔记本死机频繁、温度烫手、娇气得像块豆腐。"为投诉此事,王某专门设立了网站,其中充斥着对"恒升"的声讨。该品牌企业认为上述三方行为侵害了其名誉权,提起诉讼。事后网友认为,千万不要买该品牌笔记本及其他任何产品,因为他既然敢告顾客,就绝不会把顾客当一回事。由此该品牌企业的生意一落千丈。

该品牌企业在投诉发生后,甚至成为社会热点事件后,其处理手段显得仓促草率,以致后来无法处理问题,同时依然停留在"是顾客错误多还是我们错误多"阶段,在错误的问题处理方向上越走越远。

你如何处理?

案例3

拨打热线客户为甲,客户服务员为乙,对话如下:

乙:喂,你好。

甲:你好,我是××的一个客户……

乙:我知道,请讲。

甲:是这样的,我的手机这两天一接电话就断线……

乙:那你是不是在地下室,所以信号接收不好。

甲:不是,我在大街上都断线了,好多次了……

乙:那是不是你的手机有问题呀?我们不可能出现这种问题。

甲:我的手机才买了三个月,不可能出问题呀。

乙:那可不一定,有的杂牌机刚买几天就不行了。

甲:我的手机是品牌手机,不可能有质量问题……

乙:那你在哪买的,就去那看看吧,肯定是手机的问题。

甲:不可能,如果是手机问题,那我用××的卡就不断线。

乙:是吗? 那我就不清楚了。

甲:那我的问题怎么办,我手机天天断线,你给我交话费?

乙:你这叫什么话,凭什么我交,你有问题呀?

甲:你这叫什么服务态度,我要投诉你。

乙:挂断……

你如何处理?

3.3.1 点评分析

在整个这段对话当中,客户服务人员都犯了哪些错误呢?

①服务用语不够规范。"喂,你好!"这是很普通的接听电话的礼仪,客户服务电话的接听,应比这项礼仪要更进一步,比如他应该报出自己的工号和单位。

②没有给客户倾诉的机会。客户服务人员在处理投诉的过程当中,都在不断打断客户的谈话,违背了倾听的原则。客户需要一个倾诉机会,需要有一个倾听者,能够理解他、同情他、帮助他,客户服务人员没有做到。开始时客户还是比较理智的,应该说客户属于"分析型客户"。客户服务人员在接待他的时候,没有给客户一个倾诉不满的机会,而是推卸自己的责任,把手机故障归咎于产品而不归咎于网络。

结果,不端正的服务态度导致这位客户人员发起了投诉。

案例4

你们又把我的电话费算错了!我自己算的这个月的电话费最多200元,可你们的电话单上竟然有500元,你们是不是抢钱啊?!我一定要你们给我解释清楚不可,不然我就上去告你们!

你如何处理?

3.3.2 点评分析

第一步:立即受理,真诚道歉,缓和气氛,让顾客感到受重视。

第二步:对由此给客户带来的不便表示同情和理解。

第三步:迅速对事件作出合理的解释,说明原因,争取客户的理解。

第四步:告知顾客解决方案,并付诸行动。

第五步:再次向顾客表示歉意和今后改进服务的诚意和决心,最后感谢客户对企业的惠顾。

3.3.3 处理客户投诉的方法和步骤

客户服务人员的服务经验在处理投诉的过程中是至关重要的。如果客户服务人员很出色,能够运用正确的处理方法,很多客户的投诉都能得到有效的化解和平息。

1)接受投诉

处理客户投诉的方法第一步叫作"接受投诉",要求迅速受理,绝不拖延,这是第一个要素。坚决避免对客户说"请您等一下",否则你就是在冒险,因为你并不了解这位客户的性格,这个投诉对他生活工作带来多少影响,以及其后客户会有什么反应。

处理投诉的目的不仅仅是避免给企业带来麻烦,更重要的是希望通过有效处理投诉,挽回客户对企业的信任,使企业的口碑得到良好的维护,有更多的"回头客",从而化"危机"为"契机"。

2)平息怨气

客户在投诉时,多带有强烈的感情色彩,具有发泄性质,因此要平息他们的怨气。在客户盛怒的情况下当客户的出气筒,安抚客户,采取低姿态,承认错误,平息怨气,以便客户在理智的情况下,分析解决问题。

3)澄清问题

需要给客户一个宣泄不满和委屈的机会,来分散心里积压的不满情绪,如果放弃这个机会,就不利于投诉最终的处理。用提问题的方法,把投诉由情绪带入事件。

通过提问题,用开放式的问题引导客户讲述事实,提供资料。当客户讲完整个事情的过程以后,客户服务人员要用封闭式的问题总结问题的关键。例如,"您刚才所说的情况是您在石家庄的客户中有一户向您反映,是这样的吗?"

4)探讨解决,采取行动

探讨解决是指投诉怎么处理? 是退,是换,还是赔偿? 很多客户服务人员往往是直接提出解决方案,而未考虑到当客户失去了选择的余地时,他会没有做上帝的感觉。真正优秀的客户服务人员是通过两步来做的:第一步是先了解客户想要的解决方案,客户服务人员主动提出"您觉得这件事情怎么处理比较好?"然后第二步,才是提出你的解决方案,迅速对客户投诉的问题进行有效解决。这样一来,不管客户是否已有解决方案的腹案,企业在解决问题时都会居于主动地位。

5)感谢客户

感谢客户是最关键的一步,这一步是维护客户的一个重要手段和技巧。客户服务人员需要说四句话来表达四种不同的意思:

第一句话是"再次为给客户带来的不便表示歉意。"

第二句话是"感谢客户对于企业的信任和惠顾。"

第三句话也是向客户表谢意,让我们发现问题;知道自己的不足。

第四句话是向客户表决心,让客户知道我们会努力改进工作。

3.3.4 处理投诉的忌讳

①逃避问题。
②经常向上司求助。
③急于转交他人处理。
④还没有处理好就太快地走开。
⑤现场与顾客争辩。
⑥找一些借口开脱责任。
⑦推卸责任,说其他部门的事情。
⑧传达含糊不清的信息。

⑨不恰当的脸部表情。

⑩当面或者背后品评顾客。

⑪向顾客过分承诺自己做不到的事情。

⑫把顾客投诉当作个人事情。

⑬凭自己的主观判断去处理问题。

⑭事后忘记了向顾客的承诺。

思考

1. 如果你是客服主管，将如何做好物流客户服务呢？

上海某物流快递公司为了提高服务质量，在招聘时非常在意挑选合适的人，要求客服人员必须经过严格的培训后才能为顾客服务。同时，通过投诉系统来调研、追踪和掌握顾客感受，适时调整服务方式，用统一的物流客户服务质量标准对服务态度、服务方式等加以约束。

你觉得上海某物流快递公司的做法符合物流客户服务的哪些特征与服务要素？统一的服务质量标准能适应所有客户吗？

2. 如果你是公司客服主管，将如何做呢？

公司委托装箱公司运输地板公司交运的两批复合地板。然而卸货时发现箱内部分复合地板湿损，损失计人民币100万元。地板公司要求公司对复合地板湿损负责，该公司怎么办呢？能向保险公司索赔吗？若金额不足弥补地板公司的损失，该怎么办呢？

任务 3.4 物流市场调查与宣传

案例导入

1. 背景

某快递公司欲在××学院开设一家受理点，专门提供快递服务。随着网购的盛行，在校大学生的快递市场将有很大的发展空间。某快递公司决策层认为，需要对目前的市场环境有一个清晰的认识，从现有市场中发现机会，做出正确的市场定位和市场策略。

明确问题，确定市场调查目标，列出调查项目：

(1)该地区的客源是否充足？

(2)现有竞争者的情况？

(3)顾客消费水平？

(4)学生能接受的快递价格范围?

(5)顾客对快递服务有什么要求?

(6)顾客一般是通过什么途径了解快递公司信息的?

本次研究的目的是通过××学院对某快递公司欲在××学院开设一家受理点,专门提供快递服务的态度调查。了解××学院对某快递公司的了解度和认同度,为某快递公司在××学院开设一家快递受理点提供量化依据。具体地讲,本次研究要对以下问题做出解答:

(1)××学院快递市场状况。

(2)近几年××学院消费环境状况及其变化。

(3)该地区对(尤其是××学院)快递接触度、了解度及认同度。

2.调查流程

标题1　调查时间和地点及对象

标题2　调查方法

标题3　调查人员

标题4　调查费用

3.调查时间、地点及对象

调研时间:4月18日至4月20日。

调研地点:重庆能源职业学院。

调研对象:该学院的师生。

4.调查方法

本次调查采用访问调查法中的留置问卷访问法,对学院师生居民进行问卷调查。

5.调查人员

人员条件:为了确保调查的资料准确,调查人员均事先经过培训。

人员分配:总人数为5人。

亲爱的老师/同学:

你好,本公司欲在贵校开设快递服务受理点,为了了解和进一步提高学校范围快递包裹收发的服务质量及服务要求,希望您能抽出宝贵的时间为我们填写问卷,你的大力支持,我们将表示由衷的感谢!

第1—10为单选题,第11—12为多选题。

1.您网购过吗?(　　)

A.有　　　　　　　　B.没有

2.您使用快递的频率是(　　)。

A.1~3次/周　　　　B.1~3次/月　　　　C.1~3次/年　　　　D.从未使用

E.其他

(此题选择 D 项者请直接填写第 13 题)

3. 您使用快递是用于(　　　)。

    A. 发件　　　　　　B. 收件　　　　　　　C. 网购　　　　　　D. 其他

4. 您最常使用的快递公司是(　　　)。

    A. 申通快递　　　　B. 圆通快递　　　　　C. 中通快递　　　　D. 天天快递

    E. 其他

5. 您认为您之前使用的快递公司价钱是否合理? (　　　)

    A. 合理　　　　　　B. 不合理　　　　　　C. 其他

6. 您选择此快递公司的原因是(　　　)。

    A. 速度快　　　　　B. 态度好　　　　　　C. 价格公道　　　　D. 其他

7. 您是否需要快递公司提供送货上门服务? (　　　)

    A. 需要　　　　　　B. 不怎么需要　　　　C. 不需要

8. 您对之前使用的快递公司服务的评价是(　　　)。

    A. 非常满意　　　　B. 比较满意　　　　　C. 满意　　　　　　D. 很不满意

9. 您认为送货上门的价格应该是多少合适? (　　　)

    A. 免费　　　　　　B. 1~5 元　　　　　　C. 5 元以上

10. 如果我们快递公司在你们学校开设一家受理点,您支持吗? (　　　)

    A. 非常支持　　　　B. 支持　　　　　　　C. 不支持　　　　　D. 无所谓

11. 您获知本快递公司的途径是? (　　　)

    A. 朋友介绍　　　　B. 门户网站广告　　　C. 微博　　　　　　D. 校园宣传手册

    E. 校园推广活动　　F. 校园 BBS　　　　　G. 搜索引擎　　　　H. 视频网站

    I. 交友网站　　　　J. 其他

12. 您在选择快递公司时,最关注的评判标准是(　　　)。(请按顺序选择您认为最重要的 3 项)

    A. 价格　　　　　　B. 公司信誉与评价　　C. 快递公司知名度　D. 送货速度

    E. 服务质量　　　　F. 其他(如果您有以上选项之外的答案,欢迎您填写)

13. 您对本快递公司在能源学院开设受理点有哪些意见和建议?

3.4.1　市场调查资料的整理和分析

1)市场调查资料的整理

文献调查和实地调查工作全部结束之后,无疑会搜集到大量资料。这些资料如果未经加工整理和分析,是不能说明任何问题的。因此,有必要对全部资料进行系统的加工整理,以便为下一步的资料分析工作做好准备。

市场资料的整理包括编辑、汇总、分类和制表。

（1）编辑

编辑工作的任务,首先是从市场调查资料中选取一切有关的、重要的参考资料,剔除无关紧要的、没有参考价值的资料。然后,将挑选出来的全部资料按照一定的逻辑顺序排列,使之前后连贯一致,并且根据实际需要,将其中某些数据进行换算或调整,以便进行比较。编辑工作在最后还要查对资料的可靠性,以确保调查资料的合理和准确,如实反映客观情况。

在经过文案调查和实地调查之后,要从总体上全面查对有关调查资料,防止出现片面性的错误。片面性的错误有两种。一种是根本性的,从工作一开始就走错了路子,选择错了资料来源,从而把调查工作引入歧途,给搜集资料的工作带来极大影响。这种错误的危害性是相当严重的,如不及时发现并采取补救措施,就会使调查工作不知不觉地偏离方向,永远达不到目的。另一种是非根本性的,即虽然选择了正确的资料来源,但因工作中的操作错误,最终引出了错误的推论。

（2）汇总和分类

汇总工作是把已搜集到的并经过编辑选取出来的大量资料从形态上进行编组或按大类分堆集中,使之成为某种可供备用的形式。这项工作必须在资料分析工作开始前做妥。汇总资料从建立专用的资料卷宗入手,根据市场调查报告主要叙述的题目,设立卷宗对有关资料按价格、竞争企业、消费情况、市场环境等分专题入卷归案,以供随时调用。同时,为解决一份资料多种用途的问题还应建立资料互查表和"统计工作表"。

分类的工作任务和工作性质与汇总基本相同,其不同之处主要是对汇总后的资料进一步按小专题细分。资料分类的方法很多,通常使用较多的是按数量和价值进行划分,如职工人数、人口、收入、营业额等,有时还可以按地区、年份、产品特点等其他方法分类。分类的操作过程是先分大类,再分小类。

资料分类工作对分析市场变化有着重要的作用,它可以减少资料的项目和类别,便于比较分析,同时还可以把定性分析资料转化为定量分析资料,便于对比市场变化趋势。

（3）制表

制表工作是把有关实地调查的资料用恰当的表格形式展示出来,以便说明问题或从中发现某种典型的"模式"。制表过程是根据资料的分类去具体统计经过实地调查所得到的各种意见,也实现了"实地调查资料"的工作程序。

制表时需要使用制表单。这种制表单可以记录一个或几个调查问题的各种反映意见。如果制表只是对实地调查所得到的各种反映意见进行一般性的分类登记和统计,则用简单制表单;如果想要把更多的信息通过表格反映出来,则需要用"复式制表"方法,把两个或多个问题有关的资料联系起来进行制表。

2）市场调查资料的分析

市场调查所获的全部原始资料经过编辑、汇总和分类、制表等阶段之后,就可以转入下一步的工作——资料分析。这是整个市场调查工作的最后阶段。资料分析的主要任务是利用经过调查得来的全部情况和数据,去验证有关各种因素的相互关系和变化趋势,即将全部资料适当地组合为足以揭示其所包含的某种意义的模式,以明确具体地说明调查结果。

在进行资料分析时,要遵循几条基本原则:①要有步骤、有条不紊地组织和开展工作;②要反复核对全部有关资料,从一切资料来源到每份表格上所引用的每一个数据,均应反复核对,尽量避免差错;③尽量减少猜测和假设;④要牢记,任何调查工作都不可能得到十分完整的市场调查资料,因此,基于分析手上的资料而得出的推论,并非是绝对准确可靠。所以,应在多方面考虑问题,并采取适当的措施,对误差进行处理。

3.4.2 医药商品市场信息收集

1)工作流程

医药商品市场信息收集前的准备工作:

明确问题、目标→确定内容→设计收集问卷→确定进度、预算

2)明确问题、目标

信息收集,必须首先根据企业药品经营的情况,把企业在发展过程中对信息的实际需求,作为信息收集的目标。经过初步情况分析后确定目标,从而使信息收集更具有针对性。

3)确定信息收集的内容、来源

围绕问题和目标,确定信息收集的内容与来源。凡是直接或间接影响企业营销活动的情报资料都要广泛收集。

医药市场信息收集的主要内容包括宏观环境信息、顾客需求及市场需求容量信息、市场营销组合方面的信息、竞争企业的信息及医生方面的信息等。

确定信息来源:根据信息资料的来源不同,可分为一手资料和二手资料。一手资料是为当前某种特定目的、通过实地调查而收集的原始资料;二手资料是已经存在,并已经为某种目的而收集起来的资料。

4)设计收集信息问卷

要获取一手信息资料,收集信息的方法确定后,就需要准备有关问卷,设计问卷是一项重要的工作,问卷设计的好坏对结果影响很大。问卷是由一系列问题组成的,问题的形式有是非题、选择题、自由发挥题。另外,还要根据收集目标,设计观察记录表、实验记录表统计表等。

5)确定信息收集的进度、预算

信息收集本着节约高效、快速的原则,应合理安排人力、物力、财力,以保证顺利开展信息收集工作。日程安排可增强紧迫感,详细地列出完成每一步骤所需的时间及总共所需时间。在进行预算时,就要将可能需要的费用尽可能考虑全面,以免影响信息收集工作的顺利进行。

3.4.3 医药商品市场信息处理

1)工作流程

①把前期收集的所有信息资料准备好(如电子文档资料、原始资问卷调查、各种收集信息表格等)。

②信息工作的使用工具准备好(笔、纸、计算工具等)。

2)医药市场信息整理的工作流程

鉴别→筛选→分类编码→制图表→统计分析→编写报告

药品行业市场调查报告采用直接调查和间接调查两种方法:

(1)直接调查法

通过对主要区域的药品行业国内外主要厂商、贸易商、下游需求厂商以及相关机构进行直接的电话交流与深度访谈,获取药品行业相关产品市场中的原始数据与资料。

(2)间接调查法

充分利用各种资源以及所掌握的资料,及时获取关于中国药品行业的相关信息与动态数据。

药品行业市场调查报告通过一定的科学方法对市场进行了解和把握,在调查活动中收集、整理、分析药品行业信息,掌握药品行业市场发展变化的规律和趋势,为企业投资者进行药品行业市场预测和决策提供可靠的数据,从而帮助企业和投资者确定正确的发展战略。

3.4.4 市场调查的目的

市场调查的目的主要包括如下内容:

①通过市场调查来确定企业未来发展方向和经营战略的实施。

②通过市场调查来找到营销策略中存在的问题并提出解决方案。

3.4.5 市场调查方案的制订步骤

要制订一个完整的市场调查方案,首先要制订完整可行的调查步骤。

①计划的具体内容包括调查的组织领导、调查机构的设置、人员的选择和培训、工作的具体步骤和善后处理措施等。

②调查任务各个环节的特点、重要性、难易程度、逻辑顺序等具体情况,考虑意外情况发生的可能性,编制一个合理可行的工作进度表。

③制订适合的市场调查方案。

3.4.6 市场调查的方法

1)文案调查法

文案调查法又称资料查阅寻找法、间接调查法、资料分析法或室内研究法。它是利用企业内部和外部现有的各种信息、情报,对调查内容进行分析研究的一种调查方法。

文案调查要求更多的专业知识、实践经验和技巧。这是一项艰辛的工作,要求有耐性、创造性和持久性。

2)网络调查法

网络调查法是传统调查在新的信息传媒体上的应用,是随着互联网的发展而兴起的一种新的访问方式。它是指在互联网上针对调查问题进行调查设计,收集资料及分析咨询等活动。

3) 实地调查法

实地调查法是在没有明确理论假设的基础上,研究者直接参加调查活动,收集资料,依靠本人的理解和概括,从收集的资料中得出一般性结论的研究方法。与人们在社会中的无意观察和体验相比,实地调查是有目的、有意识和更系统、更全面的观察和分析。

任务 3.5 组织实施销售方案

3.5.1 制订销售计划

销售的定义是能够找出商品所能提供的特殊利益,满足客户的特殊需求。

销售是一种帮助有需要的人们得到他们所需要东西的过程,而从事销售工作的人则从这个交换的过程中得到适度的报酬。如何让双方各取所需,彼此感到满意,形成一个双赢的局面,就是一种艺术了,因此,"销售"可以说是一种"双赢的艺术"。

销售,最简单的理解就是从商品或服务到货币的"惊险"一跃。通俗地说,就是寻找有需要者,把东西卖出去。销售是一种极具挑战性的工作,每成功一次,心里都会有种成就感。

假设我现在是一名医药企业销售人员,那么我一定要做好销售计划:

①开发医院——完成进药。

②找准目标——促销上药。

如何对医院内部环境进行调查?

①医院概况:规模、性质、业务专长。

②进药渠道:医院决策者、药剂科、外界医药部门、门诊。

③促销渠道:门诊住院病房、相关临床科室。

④产品进入医院的形式。

a. 医药代表直接去医院做开发工作,从而完成产品进入、促销的过程。

b. 医药企业完成产品到医院进入、医药代表负责促销的过程。

如何使医生产生兴趣?

大多数医生每天看到很多人(包括病人、家属、同事、医药代表等),他们连续不断地被各种信息包围着。那么,如何激发医生的兴趣呢?

①先让医生了解企业。医生对企业的熟悉程度决定了对产品的印象。

②尽量了解医生的现状。了解医生的坐诊时间、家庭成员、生日、业余爱好、处方习惯、个人收入等,只要花精力,是不难掌握的。

③让医生了解自己。企业的实力、信誉,产品的价格等,都是医生考虑的因素。一是要掌握直接说话的方法、访问的态度;二是创造再访的机会。即使初访没有深谈,调查也不全面,如果可以也要创造一个再访借口。

3.5.2 销售预算

药价虚高、医院药品招标与采购脱节、"低价药"越来越难买……为破解这些问题,原国家卫健委发布《关于落实完善公立医院药品集中采购工作指导意见的通知》,细化了公立医院药品采购改革措施。今后,公立医院药品采购不再是"一刀切",而是采取招标、谈判等5种采购措施,"对症下药"解决上述问题。

在我国,公立医院是药品销售的主要渠道,占了全国药品市场八成以上的份额。这意味着,公立医院今后如何采购药品,影响着每位患者的钱包。此次改革将达到两个目标:首先是降低药价,其次是保障药品供应。

1)建立药品价格谈判机制

原国家卫健委药政司司长郑宏表示,对于通过招标谈判、定点生产等方式形成的采购价格,医院不得另行组织议价。此外,还将定期向社会公布在医院设立结算户头的药品经营企业名单。

新的采购制度要求强化预算约束,今后医院药品费用支出一般不高于医院业务支出的25%~30%。这是为了从预算环节控制药品费用,有利于降低药品的虚高价格。

新的采购制度实施后,公众能享受到多少优惠?虚高的药价能打掉多少?郑宏表示,国际上普遍对专利药和独家药品通过谈判进行采购:要么以市场换价格,要么通过提高医保支付比例等方式。他举例,在我国公立医院采购西药中,进口专利药有60多种。此外,过专利期的和国内没有仿制生产的药品有一百五六十种。经测算,整个专利药和独家品种的销售额,在市场上应该有600多亿元至700多亿元。政策落实后,这六七百亿元的药品能减少支出100多亿元。

2)药价公式

某种病的药品费总额 = 人数 × 该病患病率 × 花在每位此种病患者的药品费的平均值

每位此种病患者的药品费平均值 = 药品的平均价格 × 2(单位:元,每种药给一盒、瓶、支)

销售预算是对销售估计规模的保守估计,主要用于目前购买、生产和现金流量的决策。显然,销售预算既要考虑销售预测,又要避免过高的风险,一般销售预算要略低于企业预测值。

3)销售预算

销售预算是为销售活动编制的预算,是总预算的基础,它同其他各项预算之间,在不同程度上有着直接或间接的相互关系。销售预算一经确定,就成为生产预算以及各项生产成本预算等的编制依据,详情见图3-2、图3-3。

目标
预算范围
编制、控制、变更
分析、报告、沟通、培训
预算考核、评价、奖惩激励
信息化手段支撑
组织体系与制度保障
创新
学习
实践
改进

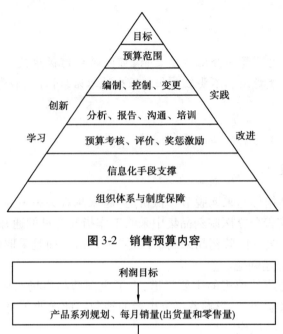

图 3-2　销售预算内容

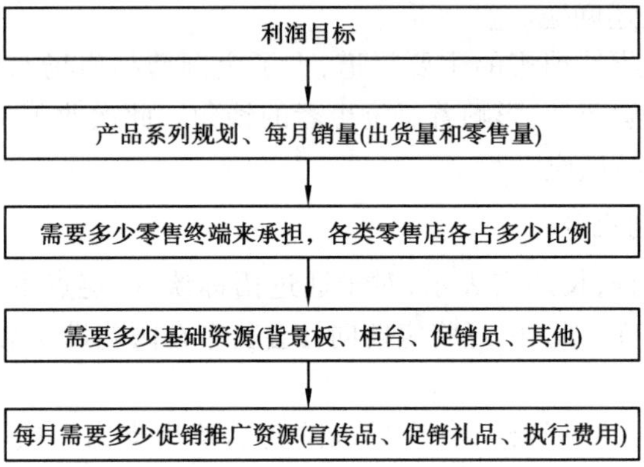

利润目标
产品系列规划、每月销量(出货量和零售量)
需要多少零售终端来承担，各类零售店各占多少比例
需要多少基础资源(背景板、柜台、促销员、其他)
每月需要多少促销推广资源(宣传品、促销礼品、执行费用)

图 3-3　预算关系图

4)预算作用

财务计划是一个连续的过程,它对计划中涉及各方的交流与沟通起着重要作用。预算是计划的工具,也是实际工作的控制基准。

预算主要有以下作用:

①预算使销售机会、销售目标、销售定额清晰化和集中化。

②预算能计划出为达到目标需要的合理费用投入。

③预算有助于促使各职能部门协调合作。

④预算有助于保持销售额、销售成本与计划结果之间的平衡。

⑤预算提供了一个评估结果的工具。

⑥预算通过集中有利可图的产品、市场区域、顾客和潜在顾客而使收益最大化。

3.5.3　销售模式

所有经营活动必须有一个统一的销售模式,而不是所谓的放任自流,凭借代理商的主观能动性去把握和操作市场,因为产品价格定位、产品用途的定位、同类产品的竞争分析等综合因素的考虑,更不可能期望业务员替换单盒利润空间大的某个产品。事实上也是如此。企业应以 OTC、农村市场为主要目标市场,通过会议营销实现网络的组建和管理,迅速提高市场的占有率。而依靠业务员的自觉性来任其发展,企业只能听凭市场的自然发展,失去主动性。

1)销售的重要性

人生处处皆销售,现在是一个"销售为赢"的时代。销售已大大超出原来的职业含义,而成为一种生活方式,一种贯穿和渗透于各种活动的生活理念。销售能搞定客户是生存,让客户追随自己是发展。销售中可运用的战术也是变幻无常的,但"心理战术"却是隐藏在所有战术背后的最根本力量。人人都想在销售这场残酷的战争中赢得滚滚财源,但是并非每个人都能真正懂得商战谋略。

2)销售技巧

要想达成交易目标,掌握以下销售技巧是很有必要的。

(1)不了解问题时,尽量让客户说话

多打听一些问题,带着一种好奇的心态,发挥刨根问底的精神,让客户多发发牢骚,多提提问题,了解客户的真实需求。

(2)同意客户的感受

当客户说完后,不要直接回答问题,要感性回避。这样可以降低客户的戒备心理,让客户感觉到你是和他站在同一条战线上。

(3)把握关键问题,让客户阐述

"复述"一下客户的具体异议,详细了解客户的需求,让客户在关键问题处尽量详细地说明原因。

(4)确认客户的问题,回答客户的疑问

你要做的是重复你所听到的话,这个叫作先跟。了解并且跟从客户和自己相互认同的部分,这个是最终成交的通道,因为这样做可以了解你的客户是否知道你的产品的益处,这为你引导客户走向最后的成交奠定基础。

(5)让客户了解异议背后的动机

当客户看到了背后的动机,销售就可以从此处入手,想到并且说出客户需要的价值,那么彼此之间的隔阂就会消除,只有这样才能和客户建立起真正相互信任的关系。

任务 3.6　客户服务

客户服务主要体现了一种以客户为导向的价值观,它负责整合与管理在预先设定的最优成本—服务组合中的客户界面的所有要素。就广义而言,任何能提高客户满意度(指客户体会到的与所实际"感知"到的待遇和"期望"的待遇之间的差距)的内容都属于客户服务的范围。

中国企业的营销观念历经了四个主要阶段:从最开始是"皇帝女儿不愁嫁"的生产观念,然后过渡到"酒香不怕巷子深"的产品观念,再发展到"好货还要勤吆喝"的推销观念,进入了

"以客户为中心、以需求为导向"的服务营销观念。

3.6.1　客户服务分类

①客户服务基本可分为人工客户服务和电子客户服务,其中人工客户服务又可细分为文字客户服务、视频客户服务和语音客户服务三类。文字客户服务是指主要以打字聊天的形式进行的客户服务;视频客户服务是指主要以语音视频的形式进行的客户服务;语音客户服务是指主要以移动电话的形式进行的客户服务。

②客户服务在商业实践中一般会分为三类,即售前服务、售中服务、售后服务。售前服务一般是指企业在销售产品之前为顾客提供的一系列活动,如市场调查、产品设计、提供使用说明书、提供咨询服务等。售中服务则是指在产品交易过程中销售者向购买者提供的服务,如接待服务、商品包装服务等。售后服务是指凡与所销售产品有连带关系的服务。

3.6.2　客户关系

1)客户关系管理解决的问题

(1)选择客户

通过对各种资料和信息进行分析,选择最有利可图的客户。

(2)获取客户

通过对各种信息和人际关系进行整合,用最有效的方式去获取客户。

(3)客户的保持

客户流失的代价不仅表现为失去实际营业额,其潜在波动影响也意味着更大的损失。因此,应尽可能久地留住客户。

(4)客户价值的拓展

在培养客户忠诚度的同时获取最大客户效益。

2)客户关系管理

(1)客户识别与管理

客户识别与管理的具体内容包括客户信息资料的收集及分析、交流与反馈、服务管理、时间管理等。

(2)客户满意度管理

客户满意度管理的具体内容包括评价客户满意度,确立以客户为中心的理念,提供个性化和及时服务,增强客户体验,重视客户关怀。

(3)客户开发

建立良好的服务体系,进行精准的市场定位,开展多样的服务活动。

(4)客户忠诚度管理

树立服务品牌,提高客户的满意度,实施忠诚客户计划,强化内部客户管理,开发新的服务产品。

3）客户关系管理的作用

①在药品物流中,能提高药品物流效益。

②有助于提升客户数据的集成水平。

③为研发提供决策支持。

④为适时调整内部管理提供依据。

⑤有助于优化企业业务流程。

4）维护客户关系的办法

（1）跟踪制度

跟踪维护工作的目标是保证并提高客户使用产品的满意程度,维护客户关系,保持稳定发展。具体方法有很多:

①通过走访、电话以及书信等途径与客户保持联系。

②向客户提供及时、有用的各类信息,包括目标客户产品的市场信息、有关国家的宏观经济信息、国内外新的科研成果以及对客户有用的其他信息。

③在向客户提供产品过程中进一步提升服务质量与工作效率,力求让客户满意。

④对客户决策者的经营状况以及财务运行状态进行定期的调查与监测,并及时做出反应。

（2）产品及服务更新

客观上说不存在永远忠诚的客户,只有通过提高服务质量和更新产品,同时进一步提升与客户的感情维护,才能保证客户不流失。

①诚意待客,恪守信用。对客户已经承诺的服务要坚决履行到位,如遇特殊情况导致有些产品服务跟进滞后,客户经理应主动及时向客户说明缘由,取得客户谅解。

②创新产品,更进服务。在向客户提供协议规定的产品服务外,客户经理还应该积极围绕客户的新需求,应用自身资源,尽力创造新的产品,同时为客户提供最佳的产品服务。

③深入调查,及时反馈。在做好服务工作的同时,保持正常性的走访客户和调查摸底工作。及时将客户的一些想法与建议带回本部,供高层决策机构为改进服务以及创新产品作参考。

（3）机制创新与维护

通过建立与客户之间的双向沟通机制并不断加以创新,以此来维护双方的合作关系。具体策略是:部门负责人在做好对客户维护服务的同时,还须做好企业高层与客户高层的协调与交流工作。

①做好企业领导的参谋,及时并真实地把调查采集到的第一手信息反馈给相关部门,供领导决策参考。

②通过与客户的中层关系,接近客户高层要员,并把他们引荐给企业领导,从而达到企业高层与客户高层沟通与合作的目的,由此建立起一个新型的双方关系维护机制。

（4）要以诚待人、一切以客户为中心

真诚才能将业务关系维持长久。同客户交往,一定要树立良好形象,业务的洽谈、售后服务等也都应从客户利益出发,以客户满意为目标调整工作思维和方向,广泛征求客户意见,考虑其经济利益,处理客户运作中的难点问题,取得客户的信任,从而达成更深层次的合作。

（5）尊重客户

每个人都需要尊重,都需要获得别人的认同。对于客户给予的合作,我们一定要心怀感激,并对客户表达出你的感谢。而对客户的失误甚至过错,则要表示出你的宽容,而不是责备,并立即共同研究探讨,找出补救和解决的方案。这样,你的客户会从心底感激你。

（6）业务以质量取胜

没有质量的业务是不能长久的。过硬的质量是每项工作的前提。这要求充分理解客户需求,以良好的服务质量、业务水平满足客户,实现质量和企业利益的统一。

加强业务以外的沟通,与客户建立朋友关系。只有同客户建立良好的人际关系,才能获得信任,为业务良性发展奠定坚实的基础。维护良好关系应加强日常沟通,不断交流思想感情,建立良好的个人关系和单位组织关系。

3.6.3　与客户沟通的方式

与客户沟通的方式包括单位对单位的沟通、单位对个人的沟通、个人对个人的沟通、单位面对面的沟通（会议、活动等）、个人面对面的沟通、单位与单位的书面沟通、单位与个人的书面沟通、个人与个人的书面沟通、电话沟通、电子邮件沟通、通过第三方沟通,等等。

当然,除了熟练掌握与客户沟通的方式以外,还应了解不同客户的特点,这样才能提高沟通效率。

①易怒的客户→脾气比较暴躁。

②古怪的客户→性情难以捉摸。

③霸道的客户→强词夺理。

④知识分子的客户→不愠不火,头头是道。

⑤文化素质差的客户→不懂得欣赏。

⑥喋喋不休的客户→总是说个没完。

其实,对每一个客户而言,我们不是靠任何物质的东西去维护,而是要用真心、诚意去经营。客户服务的要点:视客户为亲友;客户永远是对的!

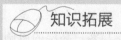 知识拓展

规范用语

问候语:"您好,欢迎致电××客户规范用语服务热线,客服代表×××很高兴为您服务,请问有什么可以帮助您?"

客户问候客服代表"小姐（先生）,您好。"时,客服代表应礼貌回应"您好,请问有什么可以帮助您?"

当已经了解了客户的姓名的时候,客服代表应在以下的通话过程中,用客户的姓加上"先生/小姐"保持礼貌回应称呼"某先生/小姐,请问有什么可以帮助您?"

因客户使用免提而无法听清楚时,客服代表应说"对不起,您的声音太小,请您拿起话筒说话好吗?"不可以说"喂,大声一点儿!"

遇到客户抱怨客户代表声音小或听不清楚时,客服代表应说"对不起,(稍微提高音量),请问有什么可以帮助您?"不可以说"听不见就算了"。

3.6.4 质量提升

肯定和成功的第一印象会给企业带来良好的收益,而不良的第一印象可能带来的危害远比能意识到的还要严重。客户会因不能忍受不好的服务而离开企业另寻"新欢",还会将对企业不好的印象向更多的人传播。因此,要提升服务质量,首先要避免给客户留下服务不好的印象。

1)弥补服务中的不足

对服务中的不足,要及时弥补,而不是找借口推脱责任。通过"服务修整",不但可以解决服务中发生的问题,还可以使挑剔的客户感到满意,使你和竞争者之间产生明显差距。

2)制订服务修整的方案

每个企业及其员工都会犯错误,客户对这点能够理解。客户关心的是你怎样改正自己的错误。对服务中出现的问题,首先是道歉,但并非仅仅如此,还需要制订出切实可行的方案,用具体的行动来解决客户的问题。

在为客户提供服务的过程中,要考虑客户的实际情况,按照客户的感受来调整服务制度,也就是为客户提供个性化的、价值最高的服务。在考虑客户实际情况的同时建立良好的服务制度。

3)经常考察服务制度

企业制订服务制度的目的是更好地为客户服务,帮助客户解决问题,满足他们的需求,达到和超过他们的期望。如果因为制度问题影响了客户服务质量的提高,就要及时地修改制度。

4)建好良好的服务制度

良好服务制度的含义基本上就是好事好办。通过良好的服务制度,可以很好地指导客户,让他们知道你能向他们提供什么服务以及怎样提供服务。通过良好的服务制度,可以极大地提高企业内部员工的服务意识,提升服务质量。

5)重视老客户

即使做不到更好,也要把为老客户服务看得与为新客户服务同等重要。很多企业把更多的精力放在争取新客户上,为新客户提供优质的服务,却忽视了对老客户的服务,这是非常错误的。发展新客户的成本要远远高于保持老客户的成本,等到老客户失去了再去争取就得不偿失了。因此,重视对老客户的服务可以显著地提升服务的质量。

6）服务层面

（1）分内的服务

如果你和你所在的企业把分内的服务都做到了，客户会认为你和你所在的企业还可以做得更好。

a. 平日的短信息问候、祝福、温馨提醒，以及资讯的分享等，至少要保证每周一条。

b. 有关最新的学习资讯要及时通知客户。

c. 逢年过节、客户生日、企业成立日等对客户重要的日子，要及时地致以问候。

（2）边缘的服务（可做可不做的服务）

如果边缘服务你也做到了，客户会认为你和你所在的企业都很好。

（3）与销售无关的其他服务

如果你都做到了，客户认为你不但是商场中他们的合作伙伴，同时他们还把你当朋友。这样的人际关系，竞争对手抢都抢不走，这难道不是你想要的结果？

任务 3.7　营销成本管理

3.7.1　根据市场调查信息合理制订营销策略

1）市场

①地理概念，是商品交换的场所，也即买主和卖主发生交易的地点或地区。

②供给者角度，是某一产品的所有现实和潜在买主的总和。

③供求关系，是买主、卖主力量的结合，是商品供求双方的力量相互作用的总和。

④社会整体市场，是商品流通领域，反映的是商品流通的全局，是交换关系的总和。

2）市场营销

市场营销就是在变化的市场环境中，旨在满足消费需要、实现企业目标的商务活动过程，包括市场调研、选择目标市场、产品开发、产品定价、渠道选择、产品促销、药品储存和运输、药品销售、提供服务等一系列与市场有关的企业业务经营活动。

3）多样化市场机会

多样化市场机会是在利用密集型的或一体化的市场机会争取进一步的增长受到了限制，或是遇到了不寻常障碍时，企业才会打破行业界限，寻找新机会。根据这些信息可以去制订一个合理的营销策略。

3.7.2　营销成本管理

在现代的高消耗社会中，降低成本是提高利润最主要的方式。

1)营销成本的定义

营销成本是指企业由产品最初所有者到最终所有者的营销过程中花费的代价,是企业利润的必要投入,包括信息成本、设计成本、谈判成本、契约成本、运营成本、税收成本等。

营销成本是与营销活动有关的各项费用支出总和。营销成本直接影响企业的利润,因此,企业不仅要控制销售额和市场占有率,同时要控制营销成本。

总的来说,降低营销成本的行为是一种高性价比的营销技巧。它需要合理有效地运用人才、技术、资源,为企业带来收益。

2)营销成本包括的范围

①直接推销费用:直接销售人员的薪金、奖金、差旅费、培训费、交际费及其他相关费用。

②推广费用:广告媒体的成本、产品说明书的印刷费用、赠奖及展览会的费用、推广部门的薪金等。

③仓储费用:租金、维护费、折旧、保险、包装费、存货成本等。

④运输费用:主要是托运费用,如果是自有运输工具运输则要计算折旧、维护费、燃料费、牌照税、保险费、司机薪金等。

3)成本的分析

想要管理成本,就必须要先对企业的营销成本进行分析,只有了解了营销企业的各种费用,才能确定营销费用的合理运用方式,良好地控制营销成本。

①在核算资料的基础上,通过深入分析,正确分析成本费用的使用情况。

②揭示成本升降的原因,正确地查明影响成本高低的各种因素及其原因,提高企业管理成本水平。

③寻求进一步降低成本的途径和方法。

4)非正常营销损失

①由于销售人员对客户的过分质量承诺而导致的质量索赔损失。

②应收账款的损失。

③仓库积压产品占用的资金成本。

④运输过程中转仓引起的效率损失成本等(针对这些情况,我们应该对自己的销售人员和财务人员进行专业详细的培训,降低人为造成的损失)。

5)营销成本管理的方式

质量控制是节约成本的有效方式,不仅能节省生产过程中的材料消耗,还能提高产品在客户心目中的形象。在避免由于质量问题造成损失赔偿的同时,还隐性地为销售人员增加了谈判筹码。但是,在营销环节,推广费用控制也是非常重要的。对成本的管理来说推广费用是营销成本中占比较大的一笔费用,运用合理有效的推广方式是管理成本的重点。

(2)管理方式

随着现代科学技术的发展,电视、网络等传播媒介已经成为人们日常生活不可或缺的一部分,广告成为影响消费的重要导向。下面介绍一下运用较多的推广营销方式。

①网络传播:注重相关网站建设,注重网络评价的管理和反馈,并根据相关意见改进产品和服务,提高销售量。

②新型的推广方式用很低廉的成本,却取得了显著的宣传效果,带来了巨大收益,这就是资源利用的体现。

③节约是一种优良的美德,企业成本降低的是利益的体现。准确的分析能计算有效的数据,合理有效的管理方式能降低营销的成本。

项目4　药品运输管理

【知识目标】

➢了解药品运输的相关法律法规；

➢熟悉药品运输的注意事项；

➢掌握药品运输的流程。

任务 4.1　运输作业

知识拓展

药品出库、运输管理

1. GSP 对出库与运输的管理要求

第四十三条　药品出库应遵循"先产先出""近期先出"和按批号发货的原则。

第四十四条　药品出库应进行复核和质量检查。麻醉药品、一类精神药品、医疗用毒性药品应建立双人核对制度。

第四十五条　药品出库应做好药品质量跟踪记录，以保证能快速、准确地进行质量跟踪。记录应保存至超过药品有效期一年，不得少于三年。

第四十六条　对有温度要求的药品的运输，应根据季节温度变化和运程采取必要的保温或冷藏措施。

第四十七条　麻醉药品、一类精神药品、医疗用毒性药品和危险品的运输应按有关规定办理。

第四十八条　由生产企业直调药品时，须经经营单位质量验收合格后方可发运。

第四十九条　搬运、装卸药品应轻拿轻放，严格按照外包装图示标志要求堆放和采取防护措施。

2.GSP 实施细则中的规定

第四十六条 药品出库时,应按发货或配送凭证对实物进行质量检查和数量、项目的核对。如发现以下问题应停止发货或配送,并报有关部门处理:

(一)药品包装内有异常响动和液体渗漏;

(二)外包装出现破损、封口不牢、衬垫不实、封条严重损坏等现象;

(三)包装标识模糊不清或脱落;

(四)药品已超出有效期。

第四十七条 药品批发企业在药品出库复核时,为便于质量跟踪所做的复核记录,应包括购货单位、品名、剂型、规格、批号、有效期、生产厂商、数量、销售日期、质量状况和复核人员等项目。药品零售连锁企业配送出库时,也应按规定做好质量检查和复核。其复核记录包括药品的品名、剂型、规格、批号、有效期、生产厂商、数量、出库日期,以及药品送至门店的名称和复核人员等项目。

以上复核记录按《规范》第四十五条的要求保存。

第四十八条 药品运输时,应针对运送药品的包装条件及道路状况,采取相应措施,防止药品的破损和混淆。运送有温度要求的药品,途中应采取相应的保温或冷藏措施。

4.1.1 药品的出库管理

①药品按先产先出、近期先出、按批号发货的原则出库。

②必须进行复核和质量检查。

③出库检查与复核记录及其管理。

所做记录包括购货单位、品名、剂型、规格、批号、数量、生产厂商、有效期、销售日期、质量状况、复核人员等项目。出库复核记录应保存至超过药品有效期1年,但不得少于3年。

④不能出库发货的情况:

外包装出现破损、封口不牢、衬垫不实、封条严重损坏等。包装标识模糊不清或脱落。药品超出有效期。

4.1.2 出库检查与复核

1)出库复核的内容

出库时,复核人应对照发货凭证对发货实物进行质量检查和数量项目的核对,确认无误后,做好复核记录。出库复核项目与记录应保存至超过药品有效期1年,不得少于3年。特殊药品应建立双人复核制度。

2)质量问题处理

①药品包装内有异常响动和液体渗漏;

②外包装出现破损、封口不牢、衬垫不实、封条严重损坏等现象;

③包装标识模糊不清或脱落;

④药品已超出有效期;

⑤药品离有效期10天内的(指药品批发企业)。

3)管理与控制

直调药品的供货企业必须是列入本企业合格供货方目录的药品生产或药品批发企业。收货单位应是具备合法资质的药品生产、经营、使用单位。

4)质量验收要求

直调药品时,必须经本企业专职质量验收人员对其进行质量验收,合格后方可直调发运。

5)做好验收记录

验收应按《药品管理法》相关规定做好验收记录。验收记录应保存至超过药品有效期一年,不得少于三年。

4.1.3 药品的运输管理

药品运输应遵循及时、准确、安全、经济的原则。为规范药品运输行为,实现物流的畅通,确保药品运输质量,企业应制订药品运输的质量管理制度。

企业应配备与经营规模相适应的,并符合药品质量要求的运输设施设备,如适应各类有温湿度储存条件要求的运输工具、防护设施,尤其对于冷藏药品,发运人员在搬运、装卸药品时应轻拿轻放,严格按照外包装图示标识要求堆放并采取相应的防护措施。在药品运输过程中,应针对运送药品的包装条件及道路状况,采取相应措施,防止药品破损和混淆。特殊管理药品和危险品的运输应按国家有关规定办理。企业应根据运输路途的距离,规定相应的运输时间,运输方式及防护措施。

1)直调药品管理

(1)概念

直调药品是指将已购进但未入库的药品,从供货方直接发送到向本企业购买同一药品的需求方。

(2)方式

厂商直调、商商直调

从事药品运输的工作人员,必须在一定组织形式下开展调拨工作。各级药品经营企业应按照自己的供应、调拨业务状况及区域大小,设立与本企业业务相适应的运输管理机构,为本企业药品流通服务。

2)药品运输的注意事项

药品运输时,应针对运送药品的包装条件及道路状况,采取相应的措施,防止药品破损和混淆(包装储运图示标识,见图4-1)。

图 4-1　包装储运图示标识

4.1.4　特殊药品的运输

1）有温度要求的药品运输

对有温度要求的药品运输,应根据季节的温度变化和运程在运输途中采取必要的保温和冷藏措施。

（1）怕热药品的运输

怕热药品是指受热易变质的药品,如胰岛素、人血丙种球蛋白。由于怕热药品对热不稳定,因此运输过程中,要充分考虑温度对药品的影响,特别是夏季炎热季节。根据各地气温的情况及怕热药品对温度的要求,拟订具体品种的运输期限,按先南方后北方、先高温地区后一般地区的原则尽可能提前安排调运。对温度要求严格的怕热药品（如要求储藏在 15 ℃ 以下的品种）应暂停开单发运,如少量急需或特殊需要可发快件或空运,或在运输途中采取冷藏措施。在怕热药品发运期间,发货上应注明"怕热药品"字样,并注意妥善装车（船）,及时发运,快装快卸,尽量缩短途中运输时间。

（2）怕冻药品的运输

怕冻药品是指在低温下容易冻结,冻结后易变质或冻裂容器的药品。怕冻药品的详细品种由各地根据药品的性质和包装等情况研究拟订,列出品种目录,确定每年发运的时限。

怕冻药品在冬季发运时,应根据各地气候的实际情况,拟订有关省、市的防寒发运期。以保证防冻药品的安全运输,减少运输费用。在防寒运输期间,怕冻药品应加防寒包装,或用暖车发运,按先北方后南方、先高寒地区后低寒地区的原则提前安排调运,发货单及有关的运输单据上应注明"怕冻药品"字样,运输中全程监控,注意安全措施。

2）危险药品的运输

危险药品,除按一般药品运输的要求办理外,还必须严格遵照交通部《危险货物运输规则》的各项规定,做好安全运输工作。危险药品发运前,应检查包装是否符合危险货物包装表的规定及品名表中的特殊要求,箱外有无危险货物包装标志。然后按规定办好托运、交付等工作;装车、装船时,应严格按照"危险货物配装表"规定的要求办理。在装卸过程中,不能摔碰、拖拉、摩擦、翻滚,搬运时要轻拿轻放,严防包装破损。汽车运输必须按当地公安部门指定的路线、时间行驶,保持一定车距,严禁超速、超车和抢行快车。

3)特殊管理的药品运输

发运特殊管理的药品必须按照《麻醉药品管理办法》《麻醉药品国内运输管理办法》《精神药品管理办法》《医疗用毒性药品管理办法》等规定办理,应尽量采用集装箱或快件方式,尽可能直达运输,减少中转环节。办理托运(包括邮寄)麻醉药品、精神药品应在货物运单上写明具体名称、发货人在记事栏内加盖"麻醉药品或精神药品专用章",缩短在车站、码头、现场存放时间,铁路运输不得使用敞车,水路运输不得配装舱面,公路运输应当覆盖严密,捆扎牢固。运输途中如有丢失,必须认真查找,并立即报当地公安机关和药品监督管理部门。

4.1.5　合理组织运输

运输方式的选择关系到药品运输的成本和时间,因此,经营企业要根据具体情况合理选择运输方式。常用运输方式主要包括铁路、水路、公路和航空;常用运输方法可分为自运和托运。

4.1.6　冷链运输

医药冷链运输是指为满足人们疾病预防、诊断和治疗的目的而进行的冷藏药品的运输。医药冷链运输是医药冷链物流的一个重要环节。随着我国医药流通规模不断扩大,国家对药品安全越来越重视,老百姓对药品安全越来越关注,作为医药冷链的关键环节——医药冷链运输的发展也更加引人注意。

医药药品安全直接关系着民生和社会稳定,同时对我国的物流供应链特别是冷链物流提出了更高的要求。冷链医药产品市场不断扩大,医药冷链物流质量管理面临着前所未有的机遇与挑战,医药冷链物流发展之路仍任重而道远。

医药冷链物流的关键是要实现全程温度控制,确保降低医药品的损耗,最大限度地保证品质,以满足顾客需求。从目前需要冷藏的药品来看,中国医药冷链最容易断链的环节就是医药的冷链运输环节。

医药冷链是一个庞大的物流系统,涉及多个环节,为保证药品从生产企业到接收单位的运转全过程中均保证冷链不断链,需要在冷链储存、搬运、分拣、配送等各个环节确保药品一直处在一定的温度区间内,需要冷链物流的各类技术装备、存储设施、货运装备的支撑。

药品流通过程见图 4-2。从工厂到配送中心,从配送中心到省级客户或地区二级配送中心,从省级客户到市级客户再到县级客户,最终到客户,每个环节均需要冷藏,也需要冷链运输,需要冷藏设施与设备,需要冷藏车、疫苗运输工具,到终端客户冷链药品运输量很少,冷藏车运输不经济,需要移动冰箱、冷藏箱、冷藏包、冰排等。

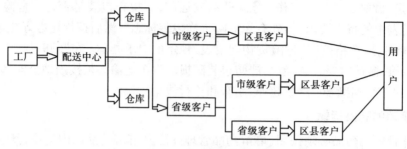

图 4-2 药品流通过程

 知识拓展

GSP 中对药品冷链运输的要求

第四十九条 经营冷藏、冷冻药品的,应当配备以下设施设备:冷藏车及车载冷藏箱或保温箱等设备。

第五十一条 运输冷藏、冷冻药品的冷藏车及车载冷藏箱、保温箱应当符合药品对温度控制的要求,保证在运输过程中能够符合规定的温度要求。冷藏车可自动调控温度和显示温度状况,并具有存储和读取温度监测数据的功能;冷藏箱及保温箱具有外部显示和采集箱体内温度数据的功能。

1)冷链运输设备

冷链运输设备有冷藏箱、保温箱(图 4-3)。

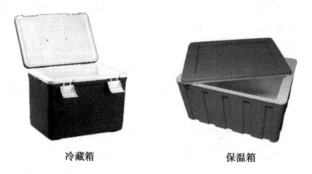

冷藏箱   保温箱

图 4-3 冷藏箱、保温箱

(1)冷藏箱、保温箱的温度监测功能

①外部显示。

②可采集箱体内的温度数据。

③实时上传。

(2)保温箱按照载冷剂不同分类

①干冰制冷方式:温度低,适用于冷冻配送,但造价贵,不安全。

②相变蓄冷方式:蓄冷材料(冰袋或冰板)作为冷源。这种方式的特点是造价较低、使用方便,适用于小批量、少量多次的冷藏药品的低温配送。

2）运输过程温度监测（图4-4）

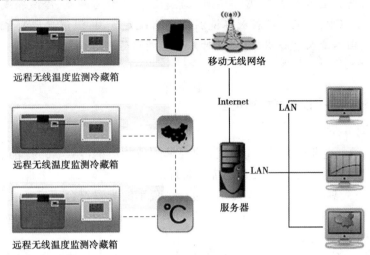

图4-4 运输过程温度监测

3）冷链运输设备——防超温装置

第一百零七条 企业应当根据药品的温度控制要求,在运输过程中采取必要的保温或冷藏、冷冻措施。

[附录]第二条(四) 冷藏箱具有自动调控温度的功能,保温箱配备蓄冷剂以及用于隔离药品与蓄冷剂的隔温装置。

注意:隔热装置——配送药品由于接触蓄冷剂造成超温的装置。运输过程中,药品不得直接接触冰袋、冰排等蓄冷剂,防止对药品质量造成影响。

4）冷链运输设备

蓄冷剂、冰盒、冰排,见图4-5。

被动制冷剂无毒、无腐蚀、无害、无污染。

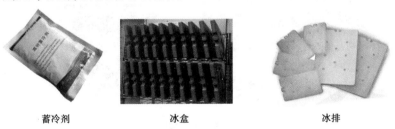

蓄冷剂　　　　　　　冰盒　　　　　　　冰排

图4-5 蓄冷剂、冰盒、冰排

干冰:固态的二氧化碳。干冰的温度非常低,为－78.5 ℃。

知识拓展

附录:第七条 企业运输冷藏、冷冻药品,应当根据药品数量、运输距离、运输时间、温度要求、外界温度等情况,按照事先验证过的方法,选择适宜的运输工具和温控方式,确保运输过程温度符合规定。

冷藏、冷冻药品运输过程中,应当实时采集、记录、上传冷藏车、冷藏箱或者保温箱内的数据。运输过程中,如果药品存放环境温度超出规定范围,温湿度监测系统应当实时发出报警指令,由运输人员查明原因,及时采取有效措施进行调控。

5)冷链运输设备——设备要求和类型

(1)设备要求

[附录] 第二条 企业应当按照《规范》的要求配备相应的冷藏、冷冻储运设施设备及温(湿)度自动监测系统,并加强设施设备的维护管理。

(五)冷藏车应当具有自动调控温度的功能,冷藏车的配置符合国家相关标准要求;冷藏车厢具有防雨水、密闭、阻燃、耐腐蚀等性能,车厢内部留有保证气流充分循环的空间,并设置具有良好气密性能的排水孔。

第十四条 每台独立的冷藏、冷冻药品运输车辆或车厢,安装的温度测点终端数量不得少于 2 个。车厢容积超过 20 m³ 的,每增加 20 m³ 至少增加 1 个测点终端,不足 20 m³ 的按 20 m³ 计算。

(2)设备类型

设备类型有:外挂式冷藏车、内挂式冷藏车,见图 4-6。

图 4-6 冷链运输设备类型

(3)冷链运输设备——冷藏车

冷藏车的关键组成:

①汽车底盘(稳定性)。

②保温厢体(密封性、隔热保温性)。

③制冷机组(非独立制冷和独立制冷)。

④车厢内温度记录仪。

⑤其他组件:通风槽、导轨等。

冷藏车的核心特征:

①密封性;②制冷性;③轻便性;④隔热性。

注意:①货物必须预冷到所需的温度,装货时检查货物温度。

②冷冻机组用来保持货物的温度,而非用于降低货物温度。

(4)冷链运输设备——冷藏车温度自动监测

[附录]第二条 企业应当按照《规范》的要求配备相应的冷藏、冷冻储运设施设备及温(湿)度自动监测系统,并加强设施设备的维护管理。

(五)冷藏车配置温度自动监测系统,均可实时采集、显示、记录温(湿)度数据,并具有远程及就地实时报警功能,可通过计算机读取和存储所记录的监测数据。

自动调控温度,满足不同的储存运输温度要求:制冷、防冻。

温度自动监测:显示、记录、存储、读取。

GPS技术的应用:车厢内的温度可实时在线跟踪记录,并进行GPS定位。

(5)冷藏车温度自动监测

当长途运输或者海运冷冻冷藏货物时,如何在接收时证明货物一直处于规定的温湿度条件是一件非常重要的事。解决争议的做法就是:在发货的时候在冷藏车中放一个温度传感器,并启动它,温度传感器真实地记录指定时间间隔的温湿度数据。在取出时可以容易地利用电脑查看图形文件及报警值,判断是否超过容许值,什么时候及持续时间都能轻松获得,承运方是否有责任也会立即知晓。

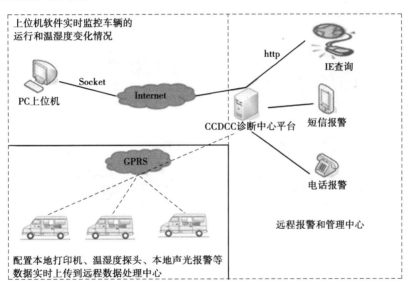

图4-7 GPRS无线冷藏车温度监测系统

知识拓展

GPRS无线冷藏车温度监测系统

该系统(图4-7)可以对冷藏车温度变化进行实时监控,利用GPRS无线网络把温度值回传到中心,并通过PC智能分析软件对所记录的数值以图文表的形式输出,方便管理员分析管理。GPRS 无线冷藏车温度监测系统有自带告警功能。当温湿度超过设定的上、下限时,报警器自动响应,及时提醒工作人员调节冷藏车环境中的温湿度。使用该无线温度监测系统可以简化工作流程,节约成本,并不受过多人为因素的干扰,客观真实地反映记录过程。通过 GPRS/CDMA 无线终端将温度值传送到监控中心和相关管理部门,工作人员就可以实时地在监控中心或办公室进行远程监测,随时得到即时温度数值的报告,实现远端无人值守。同时,当货厢内的温度超出预设数值上限或低于下限时,自动向司机、网络监控中心和绑定电话报警。

任务 4.2 处理运输单证

4.2.1 运输方式分析

常用运输方式如图 4-8 所示。

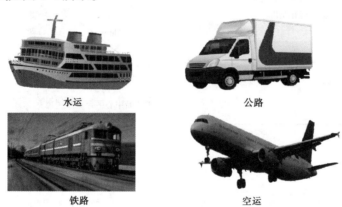

水运   公路

铁路   空运

图 4-8 运输方式

1)水运

(1)优点

成本低,能进行低成本、大批量、远距离的运输。

(2)缺点

主要是运输速度慢,受港口、水位、季节、气候影响较大,因而一年内中断运输的时间较长。

2)公路

(1)优点

①机动灵活性高,可以实现门到门服务,灵活制订营运时间,能提供最便捷的送达服务,实现门到门的运输。

②投资少,成本低,速度比较快,还可以根据客户的需求安排运输等。

(2)缺点

运输能力弱,消耗大,环境污染也严重,受气候和环境的影响较大等。

3)铁路

(1)优点

①运输能力强,价格低,适合中、长距离运输。

②受气候和自然条件的影响小,能保证运输的经济型、持续性和准时性。

③计划性强,运输能力可靠,比较安全。

④可以方便地实现驮背运输、集装箱运输及多式联运。

(2)缺点

①原始投资大,建设周期长,占用固定资产多。

②受轨道线路限制,灵活性较差,难以实现"门到门"运输,通常需要其他运输方式配合才能完成运输任务。

③始发和终点的作业时间较长,不利于运输距离较远的运输业务。

4)空运

(1)优点

速度快,直达性好;舒适性、安全性好;经济特性良好。

(2)缺点

受气候条件限制;可达性差;飞机机舱的容积和载质量都比较小,飞机的造价高,技术复杂。

4.2.2　药品运输的选择

药品是一种特殊的商品,它的物流管理比一般的物流管理会更严格一些。

1)药品运输管理制度

①减少运输途中停留、缩短货物在途时间。

②减少中转环节,减少装卸搬运次数,以减少货物损失和运输差错,降低药品损耗和运输费用。

③加快运输工作的周转速度,提高运输工作效率,节约运费开支,发挥各运输工作的运输效能。

④运输工具要有防晒、防雨、防虫等设施设备,保证药品运输过程中的质量,运输工具应符合卫生要求。

⑤药品运输的原则:及时、准确、安全、经济。

⑥药品运输过程中要轻装轻卸,杜绝野蛮装卸。

⑦药品运输要合理堆码,妥善选用苫垫,在堆码时应注意堆放高度和宽度限制,并注意分类堆放。

⑧药品运输时,针对运送药品的包装条件及道路状况,采取相应措施,防止药品破损和混淆,还应根据药品理化性质选择合造的运输方式:铁路运输不得使用敞车;水路运输不得配装在舱面;公路运输应遮盖严密捆扎牢固,防止破损、污染及混药事件发生。

⑨药品中转运输过程中应保证包装牢固,标识清楚。

⑩如果发现药品有残缺、散漏、污染、短少、批次混乱等情况,应及时反映给供货单位。

⑪特殊管理药品运输按照国家有关规定执行,在运输过程中有完善的保证药品安全的措施。

⑫药品运输过程中的各种手续必须完整,责任分明,防止发生事故,提高药品运输质量。各种凭证字迹清楚,项目齐全,单位相符,交接手续完备。

⑬运输有温湿度要求的药品,应根据季节变化采取相应的保暖或冷藏措施。

2)药品分类

按剂型分类:固体、半固体、液体和气体;

按来源分类:天然药物、化学合成药物和生物药物;

按管理要求分类:基本医疗保险药品、国家基本药品、非处方药(甲类、乙类)、处方药(单轨制管理与双轨制管理)、特殊管理的药品。

3)运输方式选择

①一般数量较多且较重的药品选用铁路运输,比如固体药品、半固体药品和天然药品等。

②数量较少且不是很重的药品选用公路运输,比如化学合成药及液体药品等。

③若遇上地震等灾难情况宜选用空运。

④军队特需药品及特殊管理的药品一般选择多人多车并配有安保系统的运输方式。

⑤运输储存条件:避光、通风、防潮、防虫、防鼠、防盗等。

⑥运输温湿度条件:相对温湿度为35%~75%。

4.2.3　运输管理

1)运输调度

①进行运输工具配载。

②优化运输路线。

③选择合理的运输方式。

2)运输成本管理

①对运输作业成本进行正确计算。

②对成本进行分析和控制。

项目5　药品仓储管理

📖 【知识目标】

➤熟悉药品的管理规定；

➤熟悉药品的分区分库管理要求；

➤熟悉订单员、收货员等岗位的职责；

➤理解冷链流程及相关环节的控制要求。

任务5.1　收货、装卸搬运、上架

5.1.1　药品储存

1）药品储存管理要求

（1）药品质量状态的色标区分标准

合格药品（绿色）、不合格药品（红色）、质量状态不明显药品（黄色）。

（2）按照库房管理的实际需要，库房管理区域色标划分的统一标准

待验药品库（区）、退货药品库（区）：黄色。

合格药品库（区）、中药饮片零货称取库（区）、待发药品库（区）：绿色。

不合格药品库（区）：红色。

2）药品分类储存

①企业应有适宜药品分类管理的仓库，按照药品的管理要求、用途、性状等进行分类储存。

②可储存于同一仓间，但应分开不同货位的药品有：药品与食品及保健品类的非药品、内用药与外用药。

③应专库存放、不得与其他药品混存于同一仓间的药品有：易串味的药品、中药材、中药饮片、特殊管理药品等。

3）药品储存温湿度要求

①应按药品的温、湿度要求将其存放于相应的库中，药品经营企业各类药品储存库均应保

持恒温。

②对每种药品,应根据药品标示的储藏条件要求,分别储存:

冷库2~10℃、阴凉库2~10℃、常温库0~30℃,相对湿度45%~75%。

4)中药材、中药饮片储存要求

①应根据中药材、中药饮片的性质设置相应的储存仓库,合理控制温、湿度条件。

②对易虫蛀、霉变、泛油、变色的品种,应设置密封、干燥、凉爽、洁净的库房。对经营量较小且易变色、挥发及融化的品种,应配备避光、避热的储存设备,如冰箱、冷柜等。

③对于毒麻中药应做到专人、专账、专库(或柜)、双锁保管。

5)药品搬运要求

①应严格遵守药品外包装图式标志的要求,规范操作。

②怕压药品应控制堆放高度,防止造成包装箱挤压变形。

③药品应按品种、批号相对集中堆放,并分开堆码,不同品种或同品种不同批号药品不得混垛,防止发生错发、混发事故。

 知识拓展

GSP 关于药品的储存要求

第一条 药品批发企业经营冷藏、冷冻药品的,应当按照《药品经营质量管理规范》(以下简称《规范》)的要求,在收货、验收、储存、养护、包装出库、运输配送等环节根据药品的储存特性,采用专有的技术和设施,实行严格、不间断的温度控制,使冷藏、冷冻药品在以上过程中的温度始终控制在规定范围内,以确保药品质量稳定、有效。

第二条 企业应当建立冷藏、冷冻药品质量风险防范机制,对储存和运输各环节实行严格的质量风险控制,防止因储存、运输过程中的意外事故或不规范操作而出现药品质量问题。

第三条 企业质量负责人,是企业冷藏、冷冻药品质量风险控制和应急工作的最高管理者。应当全面负责冷藏、冷冻药品质量管理工作。

第四条 企业应当对从事冷藏、冷冻药品的收货、验收、储存、养护、包装出库、运输配送等岗位工作的人员,进行冷藏、冷冻药品储存、运输专业知识、技术操作以及突发状况应急处理等方面的培训,并经考核合格后方可上岗。

培训内容应当符合企业质量管理体系文件及开展冷藏、冷冻药品质量管理的实际要求,确保各岗位人员能充分掌握相应的操作技能和专业知识,正确履行岗位职责。

第五条 企业应当根据《规范》的要求和经营冷藏、冷冻药品品种及规模的需要,设置与其储存、运输活动相适应的冷库、冷藏车以及车载冷藏箱、保温箱等设施设备,并将设施设备的数据传送功能与企业储运温湿度监测系统相衔接。

第六条 运输冷藏、冷冻药品的冷藏车及车载冷藏箱、保温箱应当符合药品运输过程中对温度控制的要求。

(一)冷藏车应当具有自动调控温度的功能,能够实时监测、显示、记录、报警运输过程中的温度监测数据,温度检测数据可以导出或上传;

（二）冷藏箱及保温箱应当具有实时监测和记录箱体内温度的功能，温度数据能够在箱体外部显示，并可以根据要求导出。

第七条　企业应当按照《规范》要求，对储运温湿度监测系统以及冷库、冷藏运输等设施设备进行定期及专项验证。

企业应当按照规定对冷藏、冷冻药品温度监测设备定期进行校准。

第八条　企业应当按照《规范》要求，对冷藏、冷冻药品进行收货和验收。对不符合温度要求的应当拒收，保存采集的温度监测数据，并将药品隔离存放于符合规定要求的温度环境中，报质量管理部门处理。

第九条　企业应当按照养护管理要求对在库储存的冷藏、冷冻药品进行重点养护检查，对储存温度特殊、有效期较短药品的养护检查，应当由专人负责。

第十条　企业应当根据验证的结果，结合运输时间、设备情况及外部环境等因素，按照操作规程合理配置冷藏箱、保温箱、蓄冷剂等设备条件，并在符合规定的温度条件下对冷藏、冷冻药品进行装箱、装车作业。

第十一条　企业应当制定冷藏、冷冻药品储存及运输管理应急预案，对可能发生的各类突发性事件分别制定具体的应对措施，包括应急组织机构、人员职责、设施设备、外部协作资源、实施方案等内容，并定期进行演练。

应急预案应当根据国家相关法律规定、企业经营条件以及外部环境变化不断进行完善和优化。

第十二条　企业委托其他单位运输冷藏、冷冻药品时，应当加强对委托运输的管理，保证委托运输过程符合《规范》要求。

（一）应当索取承运单位的运输资质文件、专用设施设备证明、设施设备验证文件、承运人员资质、运输过程温度监控及追溯的技术能力等相关资料；

（二）应当对承运方的运输设施、人员资质、质量保障能力、安全运输能力、风险控制能力等进行审计，并将审计报告存档；

（三）应当根据承运方的资质和条件，必要时对承运方的相关人员进行培训和考核；

（四）应当与承运方签订委托运输协议，明确药品质量控制要求、质量责任和安全责任，遵守运输操作规程和在途时限等内容。

第十三条　企业应当按照规定对供货单位和购货单位的冷藏、冷冻药品质量管理体系进行定期及专项审核，并签订质量保证协议。

5.1.2　收　货

1）验收货物

验货流程：接收货物—验收货物—填写验收记录。

2）验收标准

①首先检查包装箱是否牢固、干燥、封签、封条有无破损。

②再检查包装箱有无渗液、污损及破损,若影响药品质量和正常销售,应立即拒收。

③大包装标签应注明药品名称、规格、储藏条件、生产日期、生产批号、有效期、批准文号、生产企业、包装数量、运输注意事项等。

④中包装标签应注明药品名称、主要成分、性状、适应证或功能主治、用法用量、不良反应、禁忌证、规格、储藏条件、生产日期、生产批号、有效期、批准文号、生产企业等内容,若由于尺寸原因,中包装标签不能全部注明的,均应注明"详见说明书"字样。

⑤内包装标签根据其尺寸大小,尽可能包含药品名称、适应证或者功能主治、用法用量、规格、储藏条件、生产日期、生产批号、有效期、生产企业等标示内容,由于包装尺寸的原因而无法全部标明上述内容的,可适当减少,但必须标注药品名称、规格及生产批号。

⑥药品的每个最小销售单元的包装必须按规定印有或贴有标签并附说明书。

⑦包装标签有效期的表达方法,按年月顺序,其具体表述形式应为:有效期至××××年××月,按国药监注[2001]482号文规定,年份要用四位数字表示,1—9月份数字前须加0以两位数表示月份。

⑧麻醉药品、精神药品、医疗用毒性药品、放射性药品必须双人验收,在验收中必须注意上述品种的标志是否与国家药监局的规定相符。

⑨商品名字体以单字面积计不得大于通用名称所用字体的二分之一。

⑩凡在中国境内销售和使用的药品,包装、标签所用文字必须以中文为主。

目前有四种药品包装国家已明文规定被淘汰:软木塞、铅锡管、口服液的易折安瓿、冻干粉的安瓿包装。

检验药品的性状、颜色、嗅味等质量,应根据药品说明书检查药品性状是否与说明书相符。

片剂　检查性状是否与说明书相符,有无明显裂片、暗斑、麻面、黑点、花斑、霉变、吸潮等。

胶囊剂　检查性状是否与说明书相符,硬胶囊剂检查是否有囊壳破裂、漏粉、变色、空胶囊等情况,软胶囊剂检查是否有粘连、漏油、畸形丸、破裂等情况,若有上述情况均属不合格,应特别注意漏粉、空胶囊及囊壳破裂的情况,这几种情况比较容易发生。

注射剂　注射用粉针需检查是否有粘瓶、吸潮、结块、色点、色块、铝盖松动等现象,注射液需检查性状、色泽是否符合要求,是否有瓶盖松动,裂纹等情况,注射液的可见异物检查每批根据实际需要开展,但通过可见异物检查可保证有白块、玻屑、纤维、异物的注射液不被使用。

颗粒剂　检查是否有结块、潮解、软化、破漏、胀气等现象,比较常见的有由于包装问题,颗粒剂有吸潮软化的现象,也有漏粉的现象。

软膏剂　检查是否有酸败、霉变、漏药等现象。

丸剂　检查是否大小均匀、软硬适中,异物、裂开等现象,如果对大小均匀度无把握判断,可抽样做"丸重差异"检测,即可得出结论。

栓剂　检查是否有霉变、酸败、干裂、软化,走油出汗等情况,一般情况下走油出汗的情况较易发生,在夏季,若说明书上注明软化通过低温保存后使用,则可根据软化的具体情况验收合格入库。

滴眼液　检查是否有色点、色块、纤维、沉淀、异物、漏液等现象,一般漏液情况较易发生,应着重检查。

糖浆剂　根据说明书的性状检查其澄清度,检查是否有沉淀、结晶析出、酸败、霉变、渗漏等情况,一般霉变情况较易发生,特别是瓶盖附近,即便当时合格入库,以后养护也应重点养护。

酊水剂　检查是否有混浊、异物、异臭、霉变、渗漏等现象,注意检查其澄清度,一般漏液现象比较容易碰到,应特别注意检查。

3)进口药品验收要求

①进口药品必须有进口药品注册证或医疗产品注册证、进口药品检验报告单或进口药品通关单复印件并加盖供应商质量管理机构原印章或企业公章。

②进口预防性生物制品,血液制品应有生物制品进口批件复印件加盖供应商质量管理机构原印章。

③进口药材应有进口药材批件复印件,并加盖供应商质量管理机构原印章或企业公章。

④通关日期在2005年1月1日以后的进口人血蛋白,应提供进口药品注册证、进口药品检验报告单或进口药品通关单、生物制品批签发合格证复印件并加盖供应商质量管理机构原印章或企业公章。

4)中药饮片验收标准

对中药饮片验收而言,主要对其外观性状特征、片形、表面颜色、质地、断面、气味进行验收,有无伪、劣,是否含杂质(如泥土、异物等)和非药用部位,有等级、规格规定的是否符合等级、规格要求,有无虫蛀、长霉、变色、泛油、变味等变质现象,加工炮制是否符合当地用药习惯要求。

①抽样应具有代表性,在其包装上、中、下不同部位抽取样品验收。

②验收方法:采取眼看、手摸、耳听、鼻闻、口尝、水试、火烧等方法,必要时借用仪器进行鉴别,如显微镜、水分测定仪;核对标本、查阅工具书进行进一步证实。

③批准文号管理的品种(13种):冰片、人工牛黄、血竭、胆南星、滑石粉、青黛、胶类、石膏、煅石膏、芒硝、水牛角浓缩粉、松节油、龙胆草浸膏等。

④对进口中药材饮片,必须按规定提供进口中药材批件和进口检验报告单,并加盖供货企业质量管理机构原印章。

⑤验收中药材、中药饮片应有包装,并附有质量合格的标志,每批包装上,中药材标明品名、产地、供货单位,中药饮片标明品名、规格、产地、生产企业、生产日期、批号等,实施批准文号管理的中药材和中药饮片,在包装上还应标明批准文号。

⑥若属分装的中药饮片,每批包装上应标明品名、规格、产地、原生产企业、分装企业、分装日期、分装批号等,并附有质量合格的标志。

⑦中药饮片质量必须符合《中药饮片质量标准通则(试行)》要求:

＊根茎、藤木、叶、花、皮类,泥沙和非药用部位等杂质不得超过2%。

＊果实、种子类,泥沙和非药用部位等杂质不得超过3%。

＊全草类不允许有非药用部位,泥沙等杂质不得超过3%。

＊动物类,附着物,腐肉的非药用部位不得超过2%。

＊矿物类,夹石,非药用部位等杂质不得超过2%。

＊树脂类,杂质不得超过3%。

＊需去毛、刺的药材,其未去净茸毛和硬刺的药材不得超过10%。

＊中药材、中药饮片验收时不得有吸潮、变色、走油、结块、蛛网、虫霉等现象。

5)处理不合格药品的能力

(1)不合格药品

符合《药品管理法》规定的假药、劣药。

①质量证明文件不合格的药品。

②包装、标签、说明书内容不符合规定的药品。

③包装破损、被污染，影响销售和使用的药品。

④批号、有效期不符合规定的药品。

⑤各级药品监督管理部门公告的抽检不合格的药品。

⑥各级药品监督管理部门发文通知禁止销售的药品。

⑦质量管理部抽样送检确认不合格的药品。

表 5-1　不合格药品处理操作规程

文件名	不合格药品处理操作规程				
文件编号					
编制人		审核人		批准人	
编制日期		审核日期		批准日期	
颁发部门	质量管理部门			生效日期、份数	
分发部门	质量管理部门	储运部	业务部	办公室	财务部
分发份数					
变更记载				变更原因	

职责：质量管理部、业务部负责对不合格药品的确认、报告、报损、销毁全过程实施控制性管理。

目的：通过制订实施不合格药品质量管理操作规程，有效控制不合格药品的处理过程，以保证经营药品的质量符合规定的要求。

表 5-2　药品采购入库质量验收记录单

年 月 日	来货单位	品名	剂型	规格	生产企业	单位	数量	单价	金额	批准文号	批号	有效期	注册商标	包装情况	质量情况	验收结论	验收员签名	付款日期	凭证号码	发票号码

负责人(签名)：　　　　　　　　　　　　　　　　　　　　　　采购员(签名)：

表5-3　药品拒收报告单

编号：

通用名称		生产厂商		标准文号			
供应商				数量			
规格		批号		单位			
验收时间		有效期至		剂型			
质量问题		验收员或保管员：			年	月	日
质量管理部门意见		质量复核人员：			年	月	日
		负责人：			年	月	日
质量管理部门意见		质量复核人员：			年	月	日
		负责人：			年	月	日

填表说明：

1. 本表是仓库保管员或营业员在接收验收员移交的到货药品时，对不符合入库的药品填写的拒收手续。

2. 采购员负责对该批拒收药品做出业务处理意见。

3. 质管员应当对该药品的质量状况进行复查，作出质量复查结论。

4. 本表一式两份，全部程序处理完后，由保管员（或营业员）和质管员各持一份。

（2）不合格药品处理

①验收员进行验收时，填写药品采购入库质量验收记录单后，根据拒收数量自动生成药品拒收报告单报质量管理部。

②在药品入库验收过程中，发现不合格药品时，应拒绝入库，填写不合格药品报告单，并报质量管理部确认；确认不合格的药品予以审核，放于不合格药品库，挂红牌标示；通知采购员填写到货拒收单，及时通知供货方，并按国家有关规定进行处理。

③在库内检查、养护过程、出库复核时发现不合格药品的，保管员、养护员或复核员在工作时发现药品质量可疑或不合格药品，应立即在计算机系统内填写。

④供货单位通知回收的不合格药品，药品监督管理部门发文要求停止使用或回收的药品、质量公告中的不合格品种。

⑤如复查药品发现不合格的，应立即出具不合格品处理审批单，审批同意后，同时通知将确认为不合格品的药品应存放于不合格品库（区），做好标识，等待处理。

6）装卸搬运

（1）装卸搬运的概念

①装卸是指物品在指定地点进行的以垂直移动为主的物流作业。

②搬运是指在同一场所内将物品进行以水平移动为主的物流作业。

③装卸搬运就是指在某一物流节点范围内进行的，以改变物料的存放状态和空间位置为主要内容和目的的活动。

（2）装卸搬运的特点

①装卸搬运作业量大。

②装卸搬运对象复杂。

③装卸搬运作业不均衡。

④装卸搬运对安全性要求高。

⑤需要提供劳动保障。

（3）装卸搬运规范

①贯彻执行药品经营质量管理规范,严格按外包装标识的要求搬运、装卸药品。

②配送中心应组织员工学习、熟悉各种外包装标识的含义,避免误操作导致药品破损。

③在装卸场所应设置雨篷等设施,防止日晒、雨淋。

④搬运、装卸药品应根据药品特性、实际情况,采取防震、晒、雨、热、冻等有效措施,防止药品被污染导致质量变异。

⑤搬运、装卸药品应轻拿轻放,禁止抛、甩等野蛮操作,禁止将药品倒置。

⑥搬运、装卸药品过程中不得将药品直接接触地面。

⑦搬运、装卸药品过程中因操作不当造成药品损毁,由搬运、装卸人员负责。

⑧装载或存放时请按要求摆放,重不压轻,大不压小。

⑨装卸或摆放归位时请不要倒放,斜放,箭头向上。

⑩存放时请把所有的产品标识朝外。

⑪装载或存放时请按要求摆放,重不压轻,大不压小。

（4）装卸搬运合理化

①防止和避免无效作业

所谓无效作业是指在装卸作业活动中超出必要的装卸、搬运量的作业。为了有效地防止和消除无效作业,可以从以下几个方面入手;

a.尽量减少装卸次数。

b.提高被装卸物资的纯度。

c.包装要适宜。

②选择适宜搬运路线

搬运路线通常分为直达型、渠道型和中心型,如图 5-1 所示。

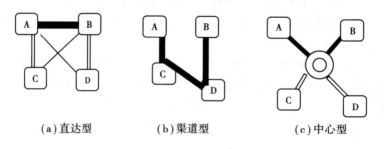

（a）直达型　　　　（b）渠道型　　　　（c）中心型

图 5-1　搬运路线

③提高物资装卸、搬运的灵活性

所谓物资装卸、搬运的灵活性是指在装卸作业中的物资,进行装卸作业的难易程度,所以,在堆放货物时,要考虑到物资装卸作业的方便性。

物资装卸、搬运的灵活性,根据物资所处的状态,即物资装卸、搬运的难易程度,可分为不同的级别,如图 5-2 所示。

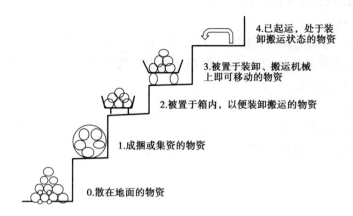

图 5-2 物资搬运级别

④实现装卸省力

在物资装卸过程中应尽可能地消除重力的不利影响,在有利的情况下利用重力进行装卸,可减轻劳动强度和能量的消耗。

⑤装卸机械化

机械化程度一般可分为三个阶段:第一阶段是用简单的装修器具的阶段;第二阶段是使用专业高效的装卸机具阶段;第三阶段是依靠电子计算机实现自动化阶段。

⑥推广组合化装卸

在装卸作业过程中,根据不同物资的种类、性质、形状、质量的不同来确定不同的装卸作业方式;组合化装卸具有很多优点:

a. 装卸单位大、作业效率高,可大量节约装卸作业时间。

b. 能提高物资装卸搬运的灵活性。

c. 操作单位大小一致,易于实现标准化。

5.1.3 药品上架作业

1)核对单据与实物

①收取验货员提供的单据与货物。

②核对数量。

③核对品名。

④核对规格。

⑤核对生产批号。

⑥核对有效期。

⑦准确判断单据与实物是否相符。

⑧确认无误后,准备上架。

2)上架作业

①熟练操作仓库装卸搬运设备。

②检查装卸搬运设备是否能正常运行。

③准确判断结果。

④熟悉 GSP 关于药品的储存要求。

⑤搬运过程中,能根据货物的特点,按照搬运要求正确搬运。

⑥将货物拖到指定货位。

⑦按批号朝外放置。

⑧按货物规定层高堆积(放)。

⑨按照货物堆码要求,正确堆码。

⑩核对品名。

 知识拓展

收货岗

1.货物到仓库后,在电脑合同、送货单、药检单齐全的情况下完成验收入库作业。

2.不论何种运输方式送达的商品应有送货单或随货同行,并清楚标明品名、规格、数量、批号,盖上供应商公章。

3.对于冷藏药品,承运商应有运输过程的冷藏措施,收货员要测量温度优先验收入库。

4.对供货商送货所出现的残损、污染等货品,予以拒收或者与采购部协商处理。

任务 5.2 保管员的工作

5.2.1 仓库的分类

1)GSP 对库房分类的要求

(1)按一般管理要求

为了有效控制药品储存质量,应对药品分区管理。为杜绝库房存放差错,必须对在库药品实行色标管理。

库房通常分为三色五区。

三色:绿色、红色、黄色。三色的标识以底色为准,文字可用白色或黑色标识,防止出现色标混乱。

五区:待验库区、发货库区、退货库区、合格品库区、不合格品库区。另外,经营中药饮片,还应划分零货称取专库区。

对应的颜色分配是:绿色(发货库区、合格品库区)、黄色(待验库区、退货库区)、红色(不合格品库区),详情见图5-3。

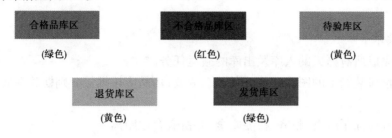

图5-3　药品仓库分区及色标

(2)按温度管理要求

分为冷库(2~10 ℃)、阴凉库(≤20 ℃)、常温库(0~30 ℃),各类库房相对湿度均应控制在35%~75%。

(3)按特殊管理要求

分为麻醉药品库、一类精神药品库、医疗用毒性药品库、放射性药品库和危险品库。此类仓库为专用,建筑为砖钢混结构且无窗、无通风孔,安装钢制保险防门,并与附近公安派出所建立联系,以便做好重点防护的准备。

2)药品仓库的种类

①按照主要业务职能分:采购仓库、批发仓库、零售仓库、加工仓库、储备仓库、中转仓库。

②按照建筑的技术设备条件分:通用仓库、保温(冷藏、恒温恒湿)仓库、危险品库、气调仓库。

3)按照建筑结构分类

①平房仓库:平房仓库指单层建筑仓库。其优点是建筑结构简单、造价较低,移仓作业方便;缺点是土地利用率低。

②多层楼房仓库:其优点是可提高仓容量和土地利用率;其缺点是建筑结构复杂,造价较高。

③高层货架立体仓库:高层货架立体仓库亦称自动化立体仓库,采用几层乃至几十层高的货架储存单元药品。高层货架立体仓库的优点是可大幅度增加仓库的有效高度,充分利用仓库的有效面积和储存空间,使货物储存集中化、立体化,减少占地面积,降低土地购置费用。缺点是仓库结构复杂,配套设施多,需要大量的基建和设备投资,因高层货架是利用标准货格进行单元储存的。所以,对储存货物的种类有一定的局限性。

4)按照建筑面积规模分类

大型企业仓库内建筑面积应不低于 1 500 m²;中型企业仓库内建筑面积应不低于1 000 m²;小型企业仓库内建筑面积应不低于500 m²。

5.2.2　药品的搬运和堆垛

1)药品的搬运

(1)搬运准备

①搬运前应清理搬运现场,准备好放置药品的苫垫。

②搬运应按规定使用台车等适用的工具,搬运工具应保持清洁、完好,防止药品在搬运中受到损害。

(2)搬运要求

①每天应完成所有当天的入库及出库的搬运任务。

②药品应按包装箱上的图示摆放,不倒放、侧放;药品应按批号分别摆放在底垫上,不允许直接放地上。

③药品摆放应面平线直、整齐、稳妥安全,并留有合适距离。

④药品搬运应轻拿轻放,台车以中速行走,并注意周围,防止碰撞及药品摔落。

2)药品堆垛

药品按批号堆码,不同批号的药品不得混淆,垛间距不小于 5 cm,与库房内墙、顶、温度调控设备及管道等设施间距不小于 30 cm,与地面间距不小于 10 cm。

注:另外仓间主通道宽度不小于 200 cm,辅通道宽度不小于 100 cm,堆垛时,要保证人身、药品、设备三方面的安全。

5.2.3 仓库管理工作

1)仓管人员的工作流程

(1)产品入库流程

①入库前的准备工作。

②产品入库。

③客户退回产品入库。

④出库。

(2)产品保管

①建立保管账。

②保管方法。

③保管员的责任。

(3)仓库的盘点及报表

①库存盘点。

②账面调整与物流对账。

③工作汇报。

2)仓库保管员职责

①对库存药品要建立库存账,按照有关规定办理好药品的出入库手续,并及时登账,对库存药品了如指掌。

②所有药品应按品种、性能分类存放,做到存放整齐,领用方便,保持室内清洁,并经常保持药品通风,经常检查药品的存放情况,保持标签完好。

③平时定期检查,及时登记缺货。

④负责接收采购到位的药品,做好技术物资验收工作并及时整理上架。如有数量品种、质

量等方面的问题,应协助采购人员及时处理。

⑤对新购进的药品应对照购货发票逐项核对,核实无误后在发票上签字,并计入保管账。

⑥平时抽点检查,定期与计算机及账簿对账,期末和年终盘点复核,对变质药品及时上报处理,做到账物相符。

⑦保持药品的正常库存量。

⑧库内严禁吸烟,谨防火灾发生,做好消防安全与仓库温控工作。

⑨库存药品存放有序,整齐清洁;防止药品变质和丢失,对药品库的一切安全工作负责。

⑩对剧毒药品、易燃易爆药品要采取相应的安全措施。单独存放,并每周检查一次。

5.2.4 药品养护

1)养护要求

①检查并改善储存条件、防护措施、卫生环境。

②对库房温湿度进行有效监测、调控。

③按照养护计划对库存药品的外观、包装等质量状况进行检查,并作好养护记录:对储存有特殊要求的或者有效期较短的品种进行重点养护。

④发现有问题的药品应当及时在计算机系统中锁定和记录,并通知质量管理部门处理。

⑤对中药材和中药饮片应当按其特性采取有效方法进行养护并记录,所采取养护的方法不得对药品造成污染。

⑥定期汇总,分析养护信息。

知识拓展

库内温湿度的调节

通风是根据大气自然流动的规律,有计划、有目的地组织库内外空气交流室内外温湿度交换的重要手段,是调节库内温湿度、净化库内空气的有效措施。通风可分为自然通风和人工通风。有条件的可以选用空调和除湿机,没有条件的可以根据温湿度记录仪来通过开窗调节仓库内的温湿度。选择开窗通风的时候要注意不要带进来沙尘和注意温湿度记录仪的实时温湿度值,人工通风有排出式、吸入式、混合式,可根据仓库的具体情况灵活掌握。

2)管理制度

①坚持预防为主的原则,按照"药品养护操作方法"对在库药品根据流转情况进行养护与检查,作好养护记录,防止药品变质失效造成损失。

②养护人员应经专业或岗位培训,熟悉药品保管和养护要求。

③对6个月内到失效期的近效期药品,按月填报"近效期药品催销表"。

④每月对各类养护设备检查一次,并记录,记录保存两年。

⑤发现药品质量问题,及时与质量管理员联系,悬挂明显标志,停止上柜销售。

⑥养护人员应配合保管人员对库存药品存放实行色标管理。待验品、退货药品区为黄色；合格品区、零货称取区、待发药品区为绿色；不合格品区为红色。

⑦报废待处理及有问题的药品，必须与正常药品分开，并建立不合格药品台账，防止错发或重复报损，造成账货混乱和严重后果。

⑧发现药品质量问题，及时与质量管理员联系，悬挂明显标志，停止上柜销售。

⑨养护人员应配合保管人员对库存药品存放实行色标管理。待验品、退货药品区为黄色；合格品区、零货称取区、待发药品区为绿色；不合格品区为红色。

⑩报废待处理及有问题的药品，必须与正常药品分开，并建立不合格药品台账，防止错发或重复报损，造成账货混乱和严重后果。

⑪养护人员配合保管人员做好温湿度管理工作，每日上午 9 时、下午 14 时各记录一次库内温湿度。根据温湿度的情况，采取相应的通风、降温、增温、除湿、加湿等措施。重点做好夏防、冬防养护工作。养护人员负责，适时检查、养护，确保药品安全度过夏、冬季。

⑫建立健全重点药品养护档案工作，认真分析，不断总结经验，为药品储存养护提供科学依据。

⑬因养护人员未尽职尽责，工作不实造成药品损失的，将在季度质量考核中按照损失金额进行罚款。

 **知识拓展**

冷库的管理

库内的墙、地、门、顶等都不得有冰、霜、水，有了要及时清除，排管和冷风机要及时除霜，以提高制冷效能。冷库内严禁多水性作业，库内不得有积水。

要严格管理冷库门，药品出入库时，要随时关门，库门如有损坏要及时维修，做到开启灵活、关闭严密、严防冷气外泄、减少冷热空气对流。非工作人员不得进入冷库，非工作时间仓库一律锁上。

冷库地下自然通风道应保持畅通，应定期检查，不得积水、有霜，不得堵塞。

库房要留有合理的走道，便于库内操作、设备检修，保证安全。

药品进出库及库内操作，要防止冷链设备、工具和药品碰撞库门、墙壁和制冷系统管道等工艺设备。

库内电器线路要经常维护，防止漏电，出库房要随手关灯。

3）一般养护方法

药品的有效期是指药品在规定的储存条件下，能够保持质量合格的期限。在保管药品的过程中影响药品质量的因素主要为阳光、空气、湿度、温度、时间。具体如下：

日光。日光中所含有的紫外线对药品变化常起着催化作用，能加速药品的氧化、分解等。

空气。对药品质量影响比较大的为空气中的氧气和二氧化碳。氧气易使某些药物发生氧化作用而变质，二氧化碳被药品吸收，发生碳酸化而使药品变质。

湿度。湿度太大或太小均对药品的质量影响很大。库内的相对湿度在 45% ~ 75%。湿度太大能使药品吸收空气中的水蒸气而引湿,其结果使药品潮解、液化、稀释、变质或霉败。易引湿的药品如胃蛋白酶、甘油等。湿度太小,则容易使某些药品风化。风化后的药品,其化学性质一般并未改变,但在使用时剂量难以掌握。特别是毒性药品,可能因超过用量而造成事故。易风化的药品如硫酸阿托品、磷酸可待因、硫酸镁、硫酸钠及明矾等。

温度。温度过高或过低都能使药品变质。因此药品在储存时要根据其不同性质选择适宜的温度。例如青霉素加水溶解后在 25 ℃放置 24 小时即大部分失效,又如脊髓灰质炎疫苗温度过高会很快失效而温度过低又易引起冻结或析出沉淀。

时间。有些药品因其性质或效价不稳定尽管储存条件适宜时间过久也会逐渐变质、失效。

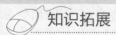

知识拓展

中药材及中药饮片的养护

A. 防霉变腐烂:晾晒、通风、干燥、吸湿、熏蒸、盐渍、冷藏。

B. 防虫害:暴晒、加热、冷藏、熏蒸。

C. 防挥发:密封、降温。

D. 防变色、泛油:避光、降温。

温度:温度在 20 ℃以上时对含脂肪、树脂类、芳香气味的饮片有影响。适合阴凉库储存。

湿度:一般中药含水量为 7% ~15%,当空气中相对湿度超过 70% 时极易发霉。

空气:某些中药的某些成分易挥发,如薄荷的变色和气味散失等。有些化学药制剂易氧化,如维生素 C 等。

日光:日光对某些中药的色素有破坏作用,如黄芪晒后变色。

4) 医药仓储管理口诀总览

GSP 记心中,严格照执行,冷链更重要,安全第一位。

管理体系化,岗位职责明,绩效考核严,奖罚要分明。

协同上下游,重视供应链,来货有计划,出库可平衡。

计划要做好,多行计划事,少做紧急事,按部就班行。

5S 很重要,储位多优化,多做预归类,前后配合好。

流程要清晰,作业标准化,风险管控好,应急预案立。

严把验收关,上架要准确,拣货讲方法,出库交接清。

要有全局观,注重小细节,管理军事化,关键在践行。

精益文化在,全员行改善,浪费要去除,成本自然低。

注重人性化,调动积极性,服务心中记,成功就在即!

任务 5.3　订单员的工作

5.3.1　订单管理

订单管理是客户关系管理的有效延伸,能更好地把个性化、差异化服务有机地融入客户管理,能推动经济效益和客户满意度的提升。订单供货的目的:品牌能让客户自由选择,货源安排做到公开透明,产品能更加适应和满足顾客的需要。其业务流程的变化首先体现在企业客户经理的工作上。客户经理对辖区内的客户需求预测和具体订单是否准确,不但关系到工业企业和零售户对企业的满意度,更关系到按客户订单组织货源这项工作能否得以顺利地开展。

1)订单的分类

（1）传统的订货方式——口头订货

订货人员以电话方式向厂商订货,但因为客户每天需订货的种类可能很多,数量也不尽相同,所以错误率较高。

（2）传统的订货方式——传真订货

客户将缺货资料整理成书面资料,利用传真机发给厂商。利用传真机可快速订货,但传送的资料常因打印效果不佳而增加事后的确认作业量。

（3）传统的订货方式——邮寄订单

客户将订货表单或订货磁片、磁带邮寄给供应商。目前,这种方式的邮寄效率及品质基本上已经不能满足市场的需求。

（4）传统的订货方式——业务员跑单

接单业务员到各客户处推销产品,而后将订单带回企业。

人工输入订单要求认真仔细,避免出错,同时要求速度快。

不管利用何种方式订货,上述订货方式皆需人工输入资料且经常重复输入,并且在输入、输出之间常出现时间误差,造成无谓的浪费。

2)电子订货与传统订货的区别

电子订货是一种传送速度快,可靠性及正确性高的订单处理方式,它不仅可以大幅度提高客户服务水平,还可以有效地缩减存货及相关成本费用,但其运作费用较为昂贵,因此,在选择订货方式时应视具体情况而定。

5.3.2　订单确认

订单确认的主要内容包括货物数量及日期的确认、客户信用的确认、订单形态确认、订单价格确认、加工包装确认等。

1)客户信用的确认

原则上,客户信用的查核由销售部门负责,但有时销售部门往往为了获取订单并不太重视这项查核工作,因而也有些企业授权运销部门负责查核客户的信用问题。运销部门一旦发现客户的信用有问题,则将订单送回销售部门再查核或退回订单。

2)订单形态确认

接受订货业务上,表现为具有多种订单的交易形态,应对不同的客户采取不同的交易及处理方式。

(1)一般交易订单

交易形态:一般的交易订单,即接单后按正常的作业程序拣货、出货、发送、收款的订单。

处理方式:接单后,将资料输入订单处理系统,按正常的订单处理程序处理,资料处理完后进行拣货、出货、发送、收款等作业。

在接受订货业务时,表现为具有多种订单的交易形态,应对不同的客户采取不同的交易及处理方式。

(2)现销式交易订单

交易形态:与客户当场交易,直接交货的交易订单。

处理方式:订单资料输入后,因货物此时已交给客户,所以,订单资料不再参与拣货、出货、发送等作业,只记录交易资料即可。

在接受订货业务上,表现为具有多种订单的交易形态,应对不同的客户采取不同的交易及处理方式。

(3)间接交易订单

交易形态:客户向配送中心订货,直接由供应商配送客户的交易订单。

处理方式:接单后,将客户的出货资料传给供应商代配。

在接受订货业务上,表现为具有多种订单的交易形态,应对不同的客户采取不同的交易及处理方式。

(4)合约式交易订单

交易形态:与客户签订配送契约的交易订单,如签订某期间内定时配送某数量的商品。

处理方式:在约定的送货日,将配送资料输入系统处理以便出货配送;或一开始便输入合约内容中的订货资料并设定各批次送货时间,以便在约定日期系统自动产生所需的订单资料。

在接受订货业务上,表现为具有多种订单的交易形态,应对不同的客户采取不同的交易及处理方式。

(5)寄库式交易订单

交易形态:客户因促销、降价等市场因素先行订购一定数量的商品,然后再视需要要求出货的订单。

处理方式:当客户要求配送寄库商品时,系统应查核客户是否确实有此项寄库商品。若有,则出此项商品,否则应加以拒绝。

不同的客户(批发商、零售商)、不同的订购批量有不同的售价,因而输入价格时系统应加以检核。

若输入的价格不符(输入错误或业务员降价接受订单等),系统应加以锁定,以便主管审核。

3)加工包装确认

客户订购的商品是否有特殊的包装、分装或贴标等要求,或是有关赠品的包装等,资料系统都需专门进行确认和记录。

4)设定订单号码

每一份订单都要有单独的订单号码。

原因:此号码一般是由控制单位或成本单位来制订,它除了便于计算成本外,还有利于制造、配送等一切相关的工作。所有工作的说明单及进度报告等都应附有此号码。

5)建立客户档案

将客户状况详细记录,不但有益于此次交易的顺利进行,而且有益于以后合作机会的增加。

6)订单处理过程应遵循的原则

①要使客户产生信赖感。

②尽量缩短订货周期。

③提供紧急订货服务。

④减少缺货现象。

⑤不忽略小批量订货的客户。

⑥装配力求完整。

⑦提供方便客户的包装。

⑧要随时反馈订单处理的情况。

任务 5.4　拣货、复核、发货

5.4.1　拣　货

1)概念

拣货是依据顾客的订货要求或配送中心的送货计划,尽可能迅速、准确地将商品从其储位或其他区域拣取出来,并按一定的方式进行分类、集中、等待配装送货的作业流程。

在配送中心搬运成本中,拣货作业的搬运成本占90%;在劳动密集型的配送中心,与拣货作业直接相关的人力占50%;拣货作业时间占整个配送中心作业时间的30%～40%。因此,在配送作业的各环节中,拣货作业是整个配送中心作业系统的核心。合理规划与管理拣货作业,对配送中心作业效率的提高具有决定性的影响。

2)拣货作业策略

拣货策略主要包括分区、订单分割、订单分批、分类四个因素。

（1）分区

分区是指将拣货作业场地进行区域划分。

主要的分区原则有以下 3 种：

①按拣货单位分区　如将拣货区分为箱装拣货区、单品拣货区等,基本上这一分区与存储单位分区是相对应的,其目的在于将存储与拣货单位分类统一,以便提取与搬运单元化。

②按物流量分区　这种方法是按各种货物出货量的大小以及拣取次数的多少进行分类,再根据各组群的特征,决定合适的拣货设备及拣货方式。这种分区方法可以减少不必要的重复行走,提高拣货效率。

③按工作分区　这种方法是指将拣货场地划分为几个区域,由专人负责各个区域的货物拣选。这种分区方法有利于拣货人员记忆货物存放的位置,熟悉货物品种,缩短拣货所需时间。

（2）订单分割

当订单所订购的商品种类较多,或设计一个要求及时快速处理的拣货系统时,为了能在短时间内完成拣货处理,需要将一份订单分割成多份子订单,交给不同的拣货人员同时进行拣货。要注意的是订单分割要与分区原则结合起来,才能取得较好的效果。

（3）订单分批

订单分批是将多张订单集中起来进行批次拣取的作业。订单分批的方法有 4 种。

①按照总合计量分批

在拣货作业前将所有订单中订货量按品种进行累计,然后按累计的总量进行拣取,其好处在于可以缩短拣取路径。

②按时窗分批

在存在紧急订单的情况下可以开启短暂而固定的 5 或 10 分钟的时窗,然后将这一时窗的订单集中起来进行拣取。这一方式非常适合到达间隔时间短而平均的订单,常与分区以及订单分割联合运用,不适宜订购量大以及品种过多的订单。

③固定订单量分批

在这种分批方法下,订单按照先到先处理的原则,积累到一定量后即开始拣货作业。这种分批方法可以维持较稳定的作业效率。

④智能型分批

订单输入电脑后,将拣取路径相近的各订单集合成一批。这种方法可以有效缩短重复行走的距离。

（4）分类

配送中心在收到多个客户的订单后,可以形成批量拣取,然后再根据不同的客户或送货路线分类集中,有些需要进行流通加工的商品还需根据加工方法进行分类,加工完毕再按一定方式分类出货。多品种分货的工艺过程较复杂,难度也大,容易发生错误,必须在统筹安排形成规模效应的基础上提高作业的精确性。分类完成后,经过查对、包装便可以出货了。

3）拣货作业优化

拣货作业消耗的时间主要包括四大部分：

①订单或送货单经过信息处理过程,形成拣货指示的时间。

②行走与搬运货物的时间。

③准确找到货物的储位并确认所拣货物及数量的时间。

④拣取完毕,将货物分类集中的时间。

提高拣货作业效率主要是缩短以上4个作业时间。此外,防止发生拣货错误,提高储存管理账物相符率及顾客满意度,降低拣货作业成本也是拣货作业管理的目标。

(1)优化基本思路

拣货作业优化的基本思路是先分析拣货作业中各个环节所需要的时间,然后尽量缩短这些时间的占用。通常一项拣货作业花费的时间包括行走时间、寻找时间、取出货物的时间及将货物搬运到指定地点的时间。

(2)优化方法

应用信息技术,通过应用条形码、射频等信息技术,分区技术以及自动拣货系统等,可以缩短寻找时间。借助一些机械及自动化设备,如应用台车、叉车、传送带、旋转货架、自动拣货系统等,可以缩短行走或货物搬运时间。应用重力式货架比较容易取出货物,可缩短货物取出时间。采用有利于拣取作业的货物存放方法,如将一些单品货物直接放在平台上存储,将拣取频率高的货物存放在靠近拣货区及通道的货位上等。

4)拣货作业功能

从各国的物流实践来看,大体积、大批量需求多采取直达、直送的供应方式;配送多为多品种、小体积、小批量的物流作业,而且工艺复杂,特别是对客户多、需求频率高、送货时间要求高的配送服务,拣货作业的速度和质量不仅对配送中心的作业效率起决定性作用,而且直接影响到整个配送中心的信誉和服务水平。因此,迅速、准确地将顾客要求的商品集合起来,并通过分类、配装及时送交顾客,是拣货作业最终的目的及功能。

5)拣货作业主要方法

配送中心常用的拣货作业主要有两种:单一拣取和批量拣取。

(1)单一拣取

单一拣取的几种方式。结合分区策略具体又可以分为单人拣取、分区接力拣取和分区汇总拣取。

①单人拣取是指一张订单可以由一个人从头到尾负责到底。此种拣货方式的拣货单,只需将订单资料转为拣货需求资料即可。

②分区接力拣取是将存储或拣货区划分成几个区域,一张订单由各区人员采取前后接力方式合力完成。

③分区汇总拣取是将存储区或拣货区划分成几个区域,将一张订单拆成各区域所需的拣货单,再将各区域所拣取的商品汇集在一起。

单一拣取的特点:一般来讲,单一拣取的准确度较高,很少发生货差,并且机动灵活。这种方法可以根据客户要求调整拣货的先后次序;对紧急需求,可以集中力量快速拣取;对机械化、自动化没有严格要求;一张货单拣取完毕后,货物便配置齐备,配货作业与拣货作业同时完成,简化了作业程序,有利于提高作业效率。

单一拣取的主要适用范围:在以下情况下,单一掠取方式比较适用。

客户不稳定,波动较大,需求种类不多。客户之间需求差异较大,配送时间要求不一。

（2）批量拣取

批量拣取是将数张订单汇总成一批，再将各订单相同的商品订购数量加总起来，一起拣取处理。

批量拣取的分批方式主要有下述几种：

① 按拣货单位分批，也就是将同一种拣货单位的品种汇总处理。按配送区域路径分批，也就是将同一配送区域路径的订单汇总处理。

②按流通加工需求分批，将需加工处理或需相同流通加工处理的订单汇总处理。

③按车辆需求分批，也就是如果配送商品需特殊的配送车辆（如低温车、冷冻、冷藏车，或客户所在地需特殊类型车辆者可汇总合并处理。

批量拣取的特点：与单一拣取相比，批量拣取将客户的需求集中起来进行拣取，有利于进行拣取路线规划，减少不必要的重复行走。但其计划性较强，规划难度较大，容易发生错误。

批量拣取的适用范围：批量拣取比较适合客户稳定而且客户数量较多的专业性配送中心，需求数量可以有差异，配送时间要求也不太严格。

知识拓展

拣货岗

1. 根据顾客的订单要求，尽可能迅速、准确地将商品从其他区位拣取出来，并按照一定的方式进行分类、集中、等待配装送货。

2. 按拣货单位分区。如将拣货区分为箱装拣货区、单品拣货区等，基本上这一分区与存储单位分区是相对应的，其目的在于将存储与拣货单位分类统一以便拣取与搬运单元化。

3. 订单分割。当订单所订购的商品种类较多，或设计一个要求及时快速处理的拣货系统时为了能在短时间内完成拣货处理，需要将一份订单分割成多份订单交给不同的拣货人员同时进行拣货。

4. 按照总和计量分批。在拣货作业前将所有订单中订货量按品种进行累计，然后按累计的总量进行拣取，可以缩短拣取路径。

5. 按订单单量分批。在这种分批方法下，订单按照先到先处理的原则，积累到一定量后开始拣货作业。这种分批方法可以维持较稳定的作业效率。

6. 智能型分批。订单输入电脑后，将拣取路径相近的各订单集合成一批，这种方法可以有效减少重复行走的距离。

5.4.2　复　核

1）对仓库复核员的要求

①严格执行 GSP 药品复核出库规定，坚持"四不出库原则"。

②根据企业发货清单对仓库管理员分发于复核区的货品进行复核，仔细核对单据和药品

上的相关内容,对仓库管理员的发货差异(与发货清单不符或不符合出库规定的),通知仓库管理员进行处理并记录保存。

③复核完毕后按购货单位进行装箱,并根据箱内药品填写拼箱单。拼箱单应粘贴于该箱表面。

④装箱完毕后必须在箱上贴上封箱单,注明购货单位、箱号、复核人。

2)出库复核员的岗位职责

①坚持"质量第一"的原则,把好药品出库质量复核关;

②对发货单药品进行质量检查,对出库药品质量负主要责任;

③按逐批复核出库药品,做到数量准确,质量完好,包装牢固,标志清晰;

④对复核质量合格的药品,在出库复核凭证上注明质量状况并签章;

⑤对质量不合格的药品应暂停发货,采取有效的控制措施,报质量管理机构进行质量复查;

⑥认真做好药品出库复核记录,做到字迹清楚、项目齐全、内容准确,便于质量跟踪,复核记录应保存至超过药品有效期一年,但不得少于三年;

⑦自学药品业务知识,努力提高工作能力;

⑧严格遵守药品出库复核制度。

3)药品不准出库

①药品包装出现破损、污染、封口不牢、衬垫不实、封条损坏等问题;

②包装内有异常响动或者液体渗漏;

③标签脱落、字迹模糊不清或者标示内容与实物不符;

④药品已超过有效期;

⑤其他异常情况的药品。

4)药品仓储的流程

①收货。收货员根据收货单完成货品的验收。

②入库。根据库内货位的具体情况及储存要求完成货品进入指定货位。

③补货。给存货不足的货架补充特定的货品。

④拣选。货品根据订单目的地流向指定的出口。

⑤分拣。根据订单内容拣选出相应数量的货品。

⑥复核。复核人员按照订单人工复核实际货品。

⑦出库。复核无误后货品配送出库。

⑧核对实物与单据、装箱、封箱、打印条码。

5)复核操作流程

(1)备货

储运部按门店订单通知库管员备货,发货单应包括内容:药品通用名称、规格、剂型、批号、有效期、生产厂商、购货单位、销售数量、单价、金额、销售人员。中药饮片发货单应包括内容:品名、规格、批号、产地、生产厂商、购货单位、销售数量、单价、金额、销售日期、销售人员等。库管员按发货单备货完毕,将药品全部集中在发货区,在发货单上签字后,将药品交给复核员复核。

（2）复核

复核员必须逐一对出库凭证上的购货单位、品名、剂型、规格、批号、有效期、生产厂商、数量、销售日期进行核对，同时对药品外包装质量进行检查。核对包装是否完好、有无破损渗漏、标识是否清晰、有无超出有效期的药品。整件药品直接封箱。拆零拼箱药品的复核应在拆零拼箱区进行。

（3）拼箱

按照药品的质量特性、储存分类要求，运输温度要求进行拼箱：①药品与药品分开、特殊管理药品与普通药品分开、外用药品与其他药品分开、药品液体与固体制剂分开。②冷藏和冷冻药品与其他药品分开，拼箱冷藏、冷冻药品的温度要求应一致。③拼箱药品应防止在搬运和运输过程中因摆放松散出现晃动或挤压。

复核无误后拆零药品在拼箱内附随货同行单并加封拼箱标识。

①随货通行单内容应包括：供货单位、生产厂商、药品通用名称、剂型、规格、批号、数量、收货单位、收货地址、发货日期、销售金额。

②对拼箱用的其他包装箱标识应覆盖或涂改，填写拼箱标签，标明该箱内所拼装的药品。复核员应及时将药品出库复核信息录入计算机系统，认真做好出库复核记录。内容包括购货单位、品名、剂型、规格、批号、有效期、生产厂商、数量、销售日期、质量状况、复核人等项目。出库复核记录应保存至超过药品有效期1年，但不得少于3年。特殊药品记录按照特殊药品管理制度执行。

表5-4　中药饮片装斗复核记录表

编号：SLYY－QR006－2017

日期	品名	规格	产地	生产日期	生产厂家	装斗数量	操作人	质量状况	复核人	备注

知识拓展

复核岗

1. 复核员要凭单据认真核对品名、规格型号、数量、生产厂家、生产批号、有效期、质量状况等。坚持"先进先出，近期先出和按批号发货"的原则，确定无误后，发货员、复核人在单据上签字。

2. 对质量不合格的药品应暂停发货，并采取有效的控制措施，按质量管理机构进行质量复核。

3.对复核质量合格的药品,在出库复核凭证上标明质量状况并签字。

4.按发货单逐批复核出库药品,做到数量准确,质量完好,包装牢固,标志清晰。

5.认真做好药品复核记录,做到字迹清楚,项目齐全,内容明确,便于质量跟踪,复核记录应保存至超过有效期一年,不少于三年。

6.自觉学习药品业务知识,努力提高业务工作技能。

7.严格遵守药品出库复核制度。

5.4.3 发 货

发货岗位操作流程及注意事项如下:

①仓库内勤将当日发货计划打印销售清单,并将发货联交与发货主管。

②发货员上班后为当天发货做一个小时的发货准备,即对本人所负责的货架、货位进行清点整理及品规的维护,检查待验区、退货区有无自己负责的物品,及时上架、备货等,保持通道畅通无阻。

③发货主管根据当日计划按剂型派单给发货员,并在装货框的白板上写上客户名及流水号。

④发货员根据各自负责的剂型或货位按发货清单上的品名、规格、批号、数量及生产厂家,仔细核对予以拣货,并整齐地放在对应客户的装货筐内;发完一笔后在相应位置打钩,发完一页在每页的发货员处签名,直至该剂型发货完毕,并将发货联夹在装货筐的夹子上。

⑤发货主管或内勤巡回检查发货清单上所发物品是否全部发货完毕,确定所有物品全部发货完后将货物与发货联一并交与复核区,复核员接收货物与单据并签收。

⑥对无效凭证或口头传话不得进行发货。

⑦发现下列情况发货员应停止发货:

a.药品内有异常响动或液体有浑浊、异物、渗漏等现象。

b.外包装出现破损或封口不严,有鼠咬、虫蛀及霉变等。

c.药品超出有效期的。

d.票据与实物不符的。

⑧发货员发现实物与单据不符的要将信息及时告知养护员予以修正。

⑨清理现场,搞好区域卫生和公共卫生。

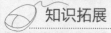 知识拓展

发货岗

1.冷藏冷冻药品的装箱、装车等项工作,应当由专人负责。

2.车载冷藏箱或者保温箱在使用前应达到相应的温度要求。

在冷藏的环境下完成冷藏、冷冻药品的装箱、封箱工作。

　　3.起运时应当做好运输记录,包括运输工具和起运时间。

　　4.企业应当按照质量管理制度的要求,严格执行运输操作规程,并采取有效措施保证运输过程中的药品质量安全。

　　5.严格按照外包装标示的要求搬运、装卸药品。

　　6.企业委托运输的药品应当与承运方签订运输协议,明确药品质量责任,遵守运输操作规程和在途时限。

　　7.企业委托运输药品应当有记录,实现运输过程的质量追溯。

　　记录内容包括发货时间、发货地址、收货单位、货单号、药品件数、运输方式、委托经办人、承运单位,采用车辆运输的应当载明车牌号,并留存驾驶人员的驾驶证复印件。记录至少保存五年。

任务 5.5　冷链流程及环节控制

　　据了解,令我国医药企业最头疼的一个物流管理问题就是冷藏品不便于运输。同时,目前的中国冷链体系仍然存在缺乏统一行业规范、实时监控体系缺位、缺乏完善的追溯机制、行业恶性竞争等问题,诸多事件暴露了中国医药冷链的薄弱现状。

　　医药药品安全直接关系着民生和社会稳定,同时对我国的物流供应链特别是冷链物流提出更高的要求。冷链医药产品市场不断扩大,医药冷链物流质量管理面临着前所未有的机遇与挑战,医药冷链物流发展之路仍任重道远。

5.5.1　药品冷链现状

政策解读(新版 GSP)

2016 年 7 月 13 日,国家食品药品监督管理总局发布了新版《药品经营质量管理规范》(即 GSP)。该规范于发布之日起实施。近两年半的调整时间与生产企业新版 GMP 认证、药品安全方面的"十三五"规划(2016—2020)的目标相呼应。

　　新版 GSP 共 4 章 184 条,集现行药品 GSP 及其实施细则为一体,对部分内容作了扩充和修正。此版 GSP 弱化药品电子监管码,强调建设药品可追溯体系,提高了对疫苗的配送要求,"三证合一"后相关内容应调整。

　　对流通企业提高企业计算机信息系统的管理功能提出了新的要求;同时,为解决流通领域挂靠、走票、假劣药流通、冷藏药品物流等突出问题,将推进企业在药品购销渠道、仓储温湿度控制、票据管理、冷链管理和运输设备等方面的管理提升,并要求与电子监管等工作配套推进,以实现"十三五"期间对药品进行全程安全监管的目标。

　　新版 GSP 的另一大亮点是借鉴国际先进经验,引入质量风险管理、体系内审、设备验证等新的管理理念和方法。

5.5.2 药品冷链物流管理

药品冷链物流管理一直是药品经营企业管理的重点,也是难点。

新版 GSP 从人员资质、设施设备、验证、收货与验收、储存与养护、出库、运输等方面提出了基本要求,消灭了可能存在的冷链断链现象,新版 GSP 的实施,将全面提升药品经营企业冷链管理水平,实现全过程、全链条的冷链质量管理目标,为提高冷链药品(疫苗、生物制品等)质量提供了保障。

1)相关概念

(1)冷藏药品

指对药品储藏、运输有冷处等温度要求的药品。

冷处指温度 2~10 ℃的储藏、运输条件。

生物制品应在 2~8 ℃避光储藏、运输。

(2)冷冻药品

指对药品储藏、运输有冷冻等温度要求的药品。

冷冻温度 -25~-10 ℃的储藏、运输条件。

2)温度要求

药品的温度要求是通过稳定性试验确定的,只有在标示条件下才可以确报有效期内的质量,其关系如图 5-4。

图 5-4　自动化立体仓库

(1)温度对药品质量的影响

①温度过高的影响:促进变质,挥发减量,破坏剂型。

②温度过低的影响:遇冷变质,冻破容器。

(2)超温危害

①无效药品会延迟治愈时间,加重患者治病负担。

②引起本人抗药性,引发菌株变异,增加治疗难度。

③产生不良反应,对患者造成进一步伤害。

5.5.3 设施设备

[附录]第二条　企业应当按照《规范》的要求配备相应的冷藏、冷冻储运设施设备及温(湿)度自动监测系统,并加强设施设备的维护管理。

(一)冷库设计符合国家相关标准要求;冷库具有自动调控温度的功能,有备用发电机组或双回路供电系统。

（二）冷库按照实际经营需要,合理划分出收货验收、储存、包装物料预冷、装箱发货、待处理药品存放等区域,并有明显标识。验收、储存、拆零、冷藏包装、发货等作业活动,应当在冷库内完成。

（三）冷藏车具有自动调控温度的功能,其配置符合国家相关标准要求;冷藏车厢具有防水、密闭、耐腐蚀等性能,车厢内部留有保证冷气充分循环的空间。

（四）冷藏箱、保温箱应当具有良好温度稳定性的保温性能;冷藏箱具有自动调控温度的功能,保温箱配备蓄冷剂以及与药品隔离的装置。

（五）冷库配置温湿度自动监测系统,冷藏车、冷藏箱和保温箱配置温度自动监测系统,均可实时采集、显示、记录温（湿）度数据,并具有远程及就地实时报警功能,可通过计算机读取和存储所记录的监测数据。

（六）应当定期对冷库、冷藏车以及冷藏箱、保温箱进行检查、维护并予以记录。

第四十七条 库房应当配备以下设施设备:

（三）有效调控温、湿度及室内外空气交换的设备;

（四）自动监测、记录库房温湿度的设备;

第四十九条 经营冷藏、冷冻药品的,应当配备以下设施设备:

（一）与其经营规模和品种相适应的冷库,经营疫苗的应当配备两个以上独立冷库;

（二）用于冷库温度自动监测、显示、记录、调控、报警的设备;

（三）冷库制冷设备的备用发电机组或双回路供电系统;

（四）对有特殊低温要求的药品,应当配备符合其储存要求的设施设备;

（五）冷藏车及车载冷藏箱或保温箱等设备。

第五十一条 运输冷藏、冷冻药品的冷藏车及车载冷藏箱、保温箱应当符合药品运输过程中对温度控制的要求。冷藏车具有自动调控温度、显示温度、存储和读取温度监测数据的功能;冷藏箱及保温箱具有外部显示或采集箱体内温度数据的功能。

5.5.4 流程控制

流程控制如图5-5所示。

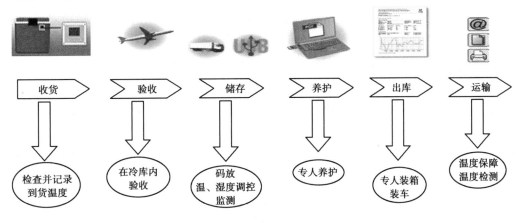

图5-5 流程控制图

1) 收货

第七十四条　冷藏、冷冻药品到货时,应当对其运输方式及运输过程的温度记录、运输时间等质量控制状况进行重点检查并记录。对不符合温度要求的药品应当拒收。

第七十五条　收货人员对符合收货要求的药品,应当按品种特性要求放于相应待验区域,或设置状态标志,通知验收。冷藏、冷冻药品应当在冷库内待验。

2) 验收

[附录]第四条　企业应当按照《规范》的要求,进行冷藏、冷冻药品的收货检查。

(一)检查是否使用符合规定的冷藏车或冷藏箱、保温箱运输药品,对未按规定运输的,应当拒收;

(二)查看冷藏车或冷藏箱、保温箱到货时温度数据,导出、保存并查验运输过程的温度记录,确认运输全程温度状况是否符合规定;

(三)符合规定的,将药品放置在符合温度要求的待验区域待验;不符合规定的应当拒收,对温度不符合要求的应当拒收,将药品隔离存放于符合规定要求的温度环境中,并报质量管理部门处理;

(四)应当对收货的情况做好记录,内容包括:药品名称、数量、生产企业、发货单位、运输单位、发运地点、起运时间、运输工具、到货时间、到货温度、收货人员等;

(五)对销后退回的药品,应当同时检查退货方提供的温度控制说明文件和售出期间温度控制的相关数据。对于不能提供相关文件、数据或者温度控制不符合规定的,应当拒收,做好记录并报质量管理部门处理。

3) 储存

第八十五条　企业应当根据药品的质量特性对药品进行合理储存,并符合以下要求:

(一)按包装标示的温度要求储存药品,包装上没有标示具体温度的,按照《中华人民共和国药典》规定的储藏要求进行储存;

(二)储存药品相对湿度为35%～75%。

应按GSP要求,根据冷藏药品的品种、批号分类合理放置。

所有冷藏药品均应按重点养护品种按月进行循环养护检查。

应制订冷藏储存管理应急预案,对发生停电、设备故障等异常情况及时采取应对措施。

4) 养护

[附录]第五条　储存过程中,冷藏、冷冻药品的码放方式应当符合以下要求。

(一)冷库内药品的堆垛间距,药品与地面、墙壁、库顶部的间距符合《规范》的要求;冷库内制冷机组出风口100 cm范围内,以及高于冷风机出风口的位置,不得码放药品。

5) 出库

第一百零一条　冷藏、冷冻药品的装箱、装车等项作业,应当由专人负责并符合以下要求:

(一)车载冷藏箱或保温箱在使用前应当达到相应的温度要求;

(二)应当在冷藏环境下完成冷藏、冷冻药品的装箱、封箱工作;

(三)装车前应当检查冷藏车辆的启动、运行状态,达到规定温度后方可装车;

(四)起运时应做好运输记录,内容包括运输工具和启运时间等。

6)运输

[附录]第七条　企业运输冷藏、冷冻药品,应当根据药品数量、运输距离、运输时间、温度要求、外界温度等情况,选择适宜的运输工具和温控方式,确保运输过程温度符合要求。

在冷藏、冷冻药品运输过程中,应当实时采集、记录、上传冷藏车、冷藏箱或者保温箱内的温度数据。对运输过程中温度超出规定范围时,温湿度监测系统应当实时发出报警指令,由相关人员查明原因,及时采取有效措施进行调控。

冷藏车优点:长时间、大批量;缺点:耗能高、污染大。

冷藏箱或保温箱:造价较低、使用方便。适用于小批量、少量、多次的冷藏药品的低温配送,过程温度实时监测和报警。

第一百零七条　企业应当根据药品的温度控制要求,在运输过程中采取必要的保温或冷藏、冷冻措施。

在运输过程中,药品不得直接接触冰袋、冰排等蓄冷剂,防止对药品质量造成影响。

第一百零八条　在冷藏、冷冻药品运输途中,应当实时监测并记录冷藏车、冷藏箱或保温箱内的温度数据。

第一百零九条　企业应当制订冷藏、冷冻药品运输应急预案,对运输途中可能发生的设备故障、异常气候影响、交通拥堵等突发事件,能够采取相应的应对措施。

5.5.5　冷链验证管理

第五十三条　企业应当按照国家有关规定,对计量器具、温湿度监测设备等定期进行校准或检定。

企业应当对冷库、储运温湿度监测系统以及冷藏运输等设施设备进行使用前验证、定期验证及停用时间超过规定时限的验证。

[附录]第三条　企业应当按照《规范》和相关附录的要求,对冷库、冷藏运输车辆、冷藏箱、保温箱以及冷藏储运温湿度监测系统进行验证,并依据验证确定的参数和条件,制定设施设备的操作、使用规程。

1)冷库验证

根据验证方案对冷库进行全面性、系统性的验证。对于在用冷库每年冬夏两季验证,在冬季和夏季进行温度分布验证,根据温度分布的变化及时调整控制程序,保证冷库温度分布均匀性和可控性。

在冷库使用前,需要制定一系列验证:安装确认(IQ)、运行确认(OQ)、性能确认(PQ)。

冷库开门测试:以测试当冷库的门持续敞开状况下,冷库内温度能维持2~8 ℃的时间,其中温度计布点详情见图5-6。

进行断电测试:测试断电情况下冷库内能维持2~8 ℃的时间长度。

温度稳定性测试:采集连续2天的温度数据,正常使用状况下库内温度是否能保持在2~8 ℃范围内。

冷库制冷控制系统控制点准确性测试:发现并评估分析冷库内"冷点"与"热点"。

通过以上测试,为药品存放日常温度监控提供建议。

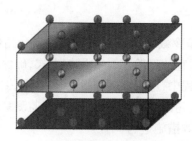

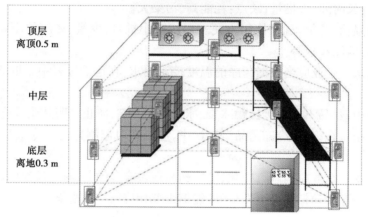

顶层
离顶0.5 m

中层

底层
离地0.3 m

图5-6 冷库温度计布点要求

2）冷链偏差管理

（1）概念

偏差是指对批准的指令或规定的标准的偏离。冷链管理是指冷链管理过程中发生的各种不符合标准和要求的事件。

注：参考自 ICH（人用药品注册技术国际协调会议）

比如：运输时间＞已验证的包装可承受运输时间＝出现偏差

偏差 $\begin{cases} 关键偏差：违反质量法规的事件；任何可能危及货物质量的事件 \\ 一般偏差：对最终货物质量没有要求影响的偏差 \end{cases}$

（2）处理流程

偏差可以通过各项数据指标得到监控。当出现偏差时，对引起偏差的原因进行调查，及时找到应对之策处理。根据处理结果进行跟踪，直到产生的偏差关闭，详情见图5-7。

3）冷链变更管理

（1）概念

变更指对原料、质量标准、分析方法、设施、支持系统、设备（包括计算机硬件）、工艺步骤、标签和包装材料、计算机软件等质量相关要素的改变。

冷链管理的变更是指任何对于与冷链药品储运质量有关的设施设备、操作流程、软件系统等质量相关要素的改变。

（2）变更分级

主要变更：对药品的质量有直接或潜在影响的变更。

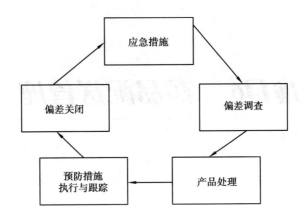

图 5-7　偏差处理流程图

次要变更:对药品的质量没有直接或潜在影响的变更或影响。

变更程序:变更申请;变更方案;变更评估、跟踪。

项目6 药品配送管理

【知识目标】

➢理解药品配送的管理流程;

➢了解药品的配送分类;

➢熟悉流通加工相关概念及重要性;

➢能够根据收集信息编制配送作业计划。

任务6.1 实施配送作业

6.1.1 配送的内容和作用

1)配送概念

配送(Distribution)指在经济合理区域范围内,根据客户要求,对物品进行拣选、加工、包装、分割、组配等作业并按时送达指定地点的物流活动。

配送是指送达给消费者的物流,是以满足配送环节的终端(客户)为直接目的的物流活动。其辐射范围小,属于末端物流,因而具有局限性。虽然配送不能解决流通领域的所有问题,但配送是一种重要的物流形式,具有战略价值,是接近客户的至关重要作业环节。

2)配送包括的作业内容

①集货:货物集中。

②分拣:分门别类堆放。

③配货:将物品,按客户要求分拣,配备齐全,送入指定发货地点。

④配装:简单来说,就是给货物"拼车"。

⑤运输:较短距离、较小规模、额度较高的运输形式,一般使用汽车做运输工具,一般城市交通路线又较复杂,所以配送运输难度比一般运输大。

⑥送达服务。

⑦配送加工:除非客户要求,一般不出现。

3）配送的作用

①推行配送有利于物流运动实现合理化。

②完善了物流系统。

③提高了末端物流的效益。

④通过集中库存使企业实现低库存或零库存。

⑤简化事务,方便客户。

⑥提高供应保障程度。

⑦配送为电子商务的发展提供了基础和支持。

6.1.2　配送的种类

1）根据配送节点分类

（1）配送中心配送

配送中心配送是专职配送的配送中心,规模较大。有的配送中心需要储存各种商品,储存商品量较大。有的配送中心专职配送,储存商品量较小,货源靠附近的仓库补充。配送中心配送覆盖面较宽,是大规模配送的形式。因此,必须有配套的大规模配送设施,如建筑物、车辆、路线等。一旦建成便很难改变,零货机动性较差,投资较高。

（2）仓库配送

以一般仓库为据点进行配送的形式。可以是仓库完全改造成配送中心,也可以是以仓库储存功能为前提,增加一部分配送功能。优点在于较容易利用现有条件,不需要大量投资。

（3）药店配送

商店配送主要针对商业或物资门市网点。这些网点主要承担商品的零售业务,规模一般不大,但经营品种较齐全。除日常零售业外,还可以根据客户的需求将商店品种配齐,或代客户购买商店不经营的商品,和商店经营的品种一起配送给客户。

2）根据药品种类以及数量分类

（1）少品种大批量

单独一个品种或几个品种就可达到较大输送量,实现整车运输。这种商品往往不需要再与其他商品搭档,可由专业性很强的配送中心进行配送。其特点为配送工作简单,成本较低。

（2）多品种少批量

多品种少批量配送是按照客户要求,将各种物品（每种需要量不大）配备齐全,凑整装车后由配送点送达客户。这种配送作业水平要求高,配送中心设备复杂,配货送货计划难度大,要有高水平的组织工作做保证。

（3）成套配送

将生产每一台产品所需配齐,按照生产节奏定时送达生产企业。生产企业随即可将成套原料投入生产线。这种配送方式,配送企业承担生产企业大部分供应工作,供生产企业专门生产产品用。

3）根据配送时间以及数量不同分类

根据配送时间及数量不同可分为下述种类。

（1）定时配送

按规定时间间隔进行配送,如几天或几小时一次。每次配送的品种及数量可按计划执行,也可在配送之前以商定的联络方式(电话、计算机终端输入等)通知配送中心配送品种及数量。

（2）定量配送

按规定的批量在指定的时间进行配送。这种方式数量固定,备货工作较为简单,效率较高。

（3）定时定量

按照规定配送时间和配送数量进行配送。这种方式兼有定时、定量两种方式的优点。但特殊性强,计划难度大,适合采用的对象不多。

（4）定时定线路

在规定的运行线路上制订到达时间表,按运行时间表进行配送。客户可按规定路线站点和规定时间接货,提出配送要求。

（5）即时配送

完全按客户突然提出的配送要求立即进行配送的方式。有很高的灵活性,是一种应急配送方式,采用这种方式的品种可以实现零库存储备。

4）根据加工程度分类

（1）加工配送

在配送据点中设置流通加工环节,或是流通加工中心与配送中心建立在一起。当社会上现成产品不能满足客户需求时,或客户需求要经过初加工的产品时,可以加工后进行分拣、配货再送货到户。流通加工与配送的结合,使流通加工更具有针对性。配送企业不但可以送货取得收益,还可以通过加工增值取得收益。

（2）集疏配送

只改变产品数量组成形态而不改变产品本身物理、化学形态,与干线运输相配合的配送方式。如大批量进货后小批量、多批次发货,零星集货后按一定批量送货等。

5）按配送组织形式分类

（1）集中配送

集中配送由专门从事配送业务的配送中心对多家客户开展配送。配送中心规模大,专业性强,可与客户确定固定的配送关系,实行计划配送,集中配送的品种多、数量大,可以同时对同一路线中的几家客户进行配送。配送经济效益明显,集中配送是配送的主要形式。

（2）共同配送

由多个企业联合组织实施的配送活动。这种配送有两种情况:一种是中小生产企业之间分工合作实行共同配送;另一种是几个中小型配送中心之间实行共同配送。前者是同一行业或同一地区的中小型生产企业在单独进行配送的运输量少、效率低的情况下,进行联合,实行共同配送。

（3）分散配送

对小量、零星货物或临时需要的配送业务一般由商业和物资零售网点进行。由于商业和物资零售网点具有分布广、数量多、服务面广的特点,比较适合开展对近距离、品种繁多而用量小的货物配送。

6.1.3 配送作业方法

一般配货作业方法有两种:摘取方式(拣选方式)和播种方式(分货方式)。

①摘取方式:又叫拣选方式,将单个顾客所需要的全部商品一次性拣选的方式。

②播种方式:又叫分货方式,将需要配送的同一种货物,从配送中心集中搬运到发货地,再根据各客户对该种货物的需求量进行二次分配,像播种一样。

任务 6.2 流通加工

6.2.1 流通加工介绍

1)流通加工概述

国标(GB)对流通加工的定义是:物品在从生产地到使用地的过程中,根据需要施加包装、分割、计量、分拣、组装、价格贴付、标签贴付、商品检验等简单作业的总称,也就是在流通过程中的辅助性加工活动。

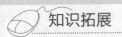

知识拓展

流通加工的概念

物品在从生产地到使用地的过程中,根据需要施加包装、分割、计量、分拣、刷标志、拴标签、组装等简单作业的总称。

——摘自《中华人民共和国国家标准物流术语》(GB/T1 8354—2001)

2)流通加工产生的原因

①与现代生产方式有关。

②与消费的个性化有关。

③人们对流通作用的认识发生了转变。

④效益观念的树立。

流通加工源于生产加工,又不同于生产加工,两者区别见表6-1。

表 6-1 生产加工与流通加工的区别

区别	生产加工	流通加工
加工对象	原材料、零配件、半成品,而不是最终产品	进入流通过程的商品
加工程度	复杂加工	简单加工
附加价值	创造使用价值及其他价值	完善使用价值,并在原基础上提高价值
加工地点	生产企业	流通环节
目的	为消费	为流通、为消费

3）流通加工的作用

（1）提高原材料利用率

利用流通加工环节进行集中下料，将生产厂商直接运来的简单规格产品，按客户的要求进行下料。例如将钢板进行剪板、裁切；木材加工成各种长度及大小的板等。集中下料可以优材优用、小材大用、合理套裁，有很好的技术经济效益。

（2）进行初级加工，方便客户

用量小或临时需要的客户，缺乏进行高效率初级加工的能力，依靠流通加工可使客户省去进行初级加工的投资、设备及人力，方便客户。目前发展较快的初级加工有：将水泥加工成混凝土、将原木或板方材加工成门窗、钢板预处理等。

（3）提高加工效率及设备利用率

由于建立集中加工点，可以采用效率高、技术先进、加工量大的专门机具和设备。

（4）充分发挥各种输送方式的优势

不同的货物在流通运输过程中，或多或少存在一定的运输要求。为了更好地保护好运输货物，根据货物性质进行简单的流通加工（施加包装、贴签分类）。简单流通加工后，迅速归类发货，有利于货物的安全流通，并大大提高运输效率。

（5）提高物流的附加值

现代物流不仅单纯地考虑从生产者到消费者的货物配送问题，而且还考虑从供应商到生产者对原材料的采购，以及生产者本身在产品制造过程中的运输、保管和信息等各个方面，全面地、综合性地提高经济效益和效率的问题。因此，现代物流是以满足消费者的需求为目标，把制造、运输、销售等市场情况统一考虑的一种战略措施。不断提高物流服务质量，不断加强物流的安全性、迅捷性、可查性，不断提高物流的附加值。

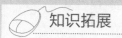

知识拓展

医药流通

　　商品流通的一般渠道可分为两个环节：一是批发环节；二是零售环节。药品市场的流通渠道，也是由生产商通过批发商销售给零售商（包括医院药房）。但由于医药不分业，中国药品流通领域有三个环节：药品批发环节、药品零售企业和医院门诊药房。其中，医院门诊药房作为特殊的、具有垄断地位的零售环节，占据了80%以上的药品零售市场份额。这一状况极大地影响了药品流通渠道的发展。新医改试点改革启动以来，不少地区开始使用"药房托管"模式，医院门诊药房的重要性略有下降。

　　药房托管是指医疗机构通过契约形式，在药房的所有权不发生变化的情况下，将其药房交由具有较强经营管理能力，并能够承担相应风险的医药企业进行有偿的经营和管理，明晰医院药房所有者、经营者之间的权利义务关系，保证医院药房财产保值增值并创造可观的社会效益和经济效益的一种经营活动。

6.2.2　流通加工管理

1）流通加工的生产管理

流通加工的生产管理与运输、储存等方法有较大区别，而与生产组织和管理有许多相似之处。流通加工的组织和安排的特殊性,在于内容及项目很多,而不同的加工项目有不同的加工工艺。

2)流通加工的质量管理

流通加工的质量管理,主要是对加工产品的质量控制。由于加工成品,一般是国家质量标准上没有的品种规格,因此,进行这种质量控制的依据,主要是客户要求。

全面质量管理中采取的工序控制、产品质量监测、各种质量控制图表等,也是流通加工质量管理的有效方法。

3)流通加工合理化

流通加工合理化(rationalization of distribution processing)的含义是实现流通加工的最优配置,在满足社会需求这一前提的同时,合理组织流通加工生产,并综合考虑运输与加工、加工与配送、加工与商流的有机结合,以达到最佳的加工效益。

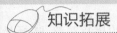 **知识拓展**

实现流通加工合理化的主要措施

1.加工和配送结合

这是将流通加工设置在配送点中,一方面按配送的需要进行加工;另一方面加工又是配送业务流程中分货、拣货、配货的环节之一,加工后的产品直接投入配货作业。这就无须单独设置一个加工的中间环节,使流通加工有别于独立的生产,而使流通加工与中转流通巧妙结合在一起。同时,由于配送之前有加工,可使配送服务水平大大提高。

2.加工与配套结合

在对配套要求较高的流通中,配套的主体来自各个生产单位,但是,完全配套有时无法全部依靠现有的生产单位,进行适当流通加工,可以有效促成配套,增强流通的桥梁与纽带的作用。

3.加工和合理运输结合

流通加工能有效衔接干线运输与支线运输,促进两种运输形式的合理化。利用流通加工,使干线运输与支线运输之间的转换更加合理,从而提高运输及运输转载水平。

4.加工和合理商流相结合

通过加工有效促进销售,使商流合理化,也是流通加工合理化的考虑方向之一。例如加工和配送的结合,通过加工,提高了配送水平,强化了销售,是加工与合理商流相结合的一个成功例证。此外,通过简单地改变包装加工,形成方便的购买量,通过组装加工解除客户使用前进行组装、调试的难处,都是有效促进商流的例子。

5.加工和节约相结合

节约能源、节约设备、节约人力、节约耗费是流通加工合理化的重要考虑因素,也是目前我国设置流通加工、考虑其合理化的较普遍形式。

流通加工是在流通领域中对生产的辅助性加工,从某种意义来讲它不仅是生产过程的延续,而且是生产本身或生产工艺在流通领域的延续。这个延续可能有正、反两方面的作用,即一方面可能有效地起到补充完善的作用,但另一方面,也必须预防到另一个可能性,即对整个过程的负效应。各种不合理的流通加工都会产生抵消效应的负效应。

任务 6.3　编制配送作业计划

配送是物流活动中一种特殊的、综合的活动形式,是商流与物流的紧密结合,是物流系统中重要的直接与顾客相连的环节。配送几乎包括了所有的物流功能要素,是物流的一个缩影或在某一小范围中全部物流活动的体现。一般的配送集装卸、包装、保管、运输于一身,通过这一系列的物流活动实现将货物送达的目的,特殊的配送则还要进行流通加工活动。它的目标指向是安全、准确、优质的服务和较低的物流费用。

6.3.1　配送管理

配送管理是按照客户的要求,编制最佳的配送作业计划,运用合理的拣货策略,选择最优化的配送线路,以合理的方式送交客户,实现药品最终配置的经济活动。

配送不同于一般运输,其区别见表6-2。

表 6-2　配送与运输的比较

内　容	运　输	配　送
运输性质	干线运输	支线运输区域内运输、末端运输
货物性质	少品种大批量	小批量多品种
运输工具	大型货车或铁路运输、水路运输	公路运输、小型货车
管理重点	效率优先	服务优先
附属功能	装卸、捆包	装卸、保管、包装、分拣、流通加工、订单处理等

6.3.2　物流配送作业流程分析

配送中心仓库如图6-1所示。

图 6-1　配送中心仓库

1）物流配送作业流程分析

根据物流配送中心作业流程图（图6-2），对操作、搬运、检验、存储保管等不同性质的作业加以分类，并整理统计各作业阶段的储运单位及作业量，标示该作业所在区域，然后计算物流量的大小和分布，为配送作业计划的编制奠定基础。

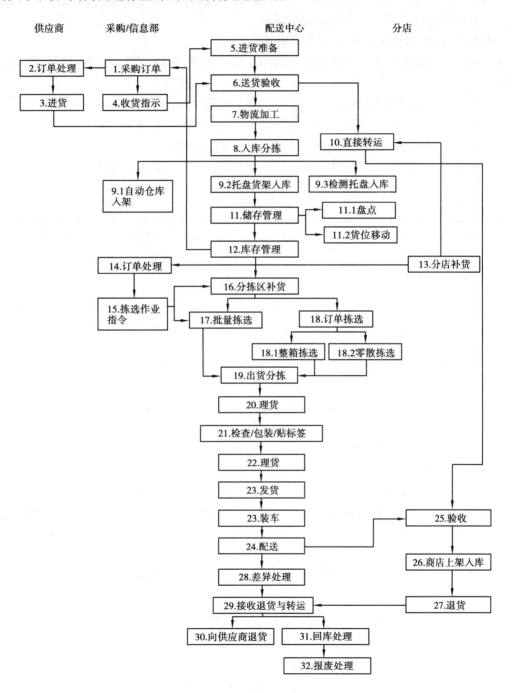

图6-2　配送中心作业流程图

2) 配送作业计划

（1）配送作业计划的编制

商流是编制配送作业计划的依据,即由商流决定何时、何地向何处送何种货物。

配送中心根据客户的要求,拣配客户订货的品种、规格和数量,安排恰当的运输工具、运输路线和运量,以便使商品安全、及时地送给客户。

编制配送计划(详情见表6-3)的主要依据:

①根据订货合同确定客户的送达地、接货人、接货方式,客户订货的品种、规格、数量及送货时间等。

②根据配送商品的性能、状态和运输要求,决定运输工具及装卸搬运的方法。

③根据分日、分时的运力配置情况,决定是否要临时增减配送业务。

④充分考虑配送中心到送达地之间的道路水平和交通条件。

⑤调查各配送地点的商品品种、规格、数量是否适应配送任务的完成。

表6-3　配送计划表

配送点(或部门)：

序号	客户名称	订购商品品名	商品规格	配送数量	配送时间	运输工具及数量
合　计						

（2）配送计划的下达和执行

①配送计划的下达。

根据企业的往年交易记录和实际订单情况,制订配送计划,并通过计算机网络形式下达到各个相关部门。相关部门根据配送计划要求为客户做好接货的准备。在各个配送点储存仓库做好理货、分拣、加工、配货、包装等准备。相关的装卸搬运运输部门做好相关作业准备,详情见图6-3。

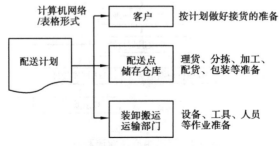

图6-3　配送计划下达形式

②配送计划的执行。

a. 按配送计划组织进货。当配送点库存商品数量不足或不符合配送计划时,要根据配送计划组织进货。

b. 配货发运。仓储理货部门按配送计划将客户所需的商品进行分货、加工和配货,进行适当的包装。按配送计划将各客户的商品组合、装车和发运。

c. 送达。安全、经济、高效地将商品送达客户,并由客户在回执上签字,交财务部门结算。

(3)拣货作业

拣货作业不仅工作量大(图 6-4)、工艺复杂,而且要求作业时间短、准确度高、服务质量好。

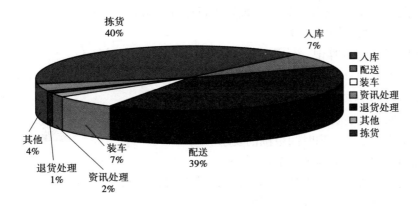

图 6-4 拣货作业比例分布

从上图可以看出人力占50%以上,作业时间占30%~40%;拣货人工作业成本占15%~20%。

①拣货单位。

拣货单位可分成单件(单品)、箱和托盘 3 种。

a. 单件。单件商品包装成独立单元,以该单元为拣取单元的最小单位;

b. 箱。由单件装箱而成,拣货以箱为拣取单位;

c. 托盘(栈板)。由箱堆码在托盘上集合而成,经托盘装载后加固,托盘堆码数量固定,拣货时以整只托盘为拣取单位。

②拣货方式。

拣货方式可以分为订单拣取、批量拣取、复合拣取。

a. 订单拣货。订单拣货流程为:接受订单后,按照订单要求拣货,相关部门按照订单单位包装,检查完毕后出货。

b. 批量拣取。批量拣取把多张订单集合成一个批次,按商品品种汇总后再进行拣取,然后按客户或不同订单作分类处理。

批量拣取流程为:接受订单后,按照实际情况作业批量组合,并按照商品品种统计进行拣货。根据实际情况分配,其中按照统计数量拣货。根据订单情况进行分类,按照订单单位包装,经检查无误后出货。

c. 复合拣取。将按订单拣货和批量拣货的优点综合运用于拣货作业,即根据订单的品种、数量及出库频率,确定哪些订单适应于按订单拣货,哪些适应于批量拣取,然后分别采取不同的拣货方式。

6.3.3 配送路线优化

1）配送路线优化的原则

（1）确定目标

①以效益最高为目标的选择。

计算时以利润的数值最大为目标值。

②以成本最低为目标的选择。

③以路程最短为目标的选择。

当成本与路程相关性较强时,以路程最短为目标进行选择。

④以吨千米最小为目标的选择。

在"节约里程法"的计算中,采用以吨千米最小为目标进行选择。

⑤以准确性最高为目标的选择。

（2）确定配送路线的约束条件

①满足所有收货人对货物品种、规格、数量的要求。

②满足收货人对货物发到时间范围的要求。

③在允许通行的时间范围进行配送。

④各配送路线的货物量不得超过车辆容积和载质量的限制。

⑤在配送中心现有运力允许的范围内。

2）配送路线优化的方法

（1）VSP 网络图的原理

车辆安排程序方法/节约里程法:以 P 为配送中心,向 A,B 两个配送地点配送货物(图 6-5)。

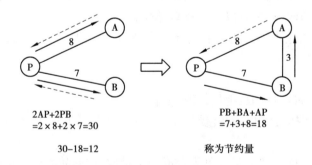

图 6-5　配送路线图

VSP 法是对所有的配送地点计算节约量,按照节约量的多少顺序制订配送路线。

节约量的一般公式为:

$$(2PA + 2PB) - (PA + AB + PB) = PA + PB - AB$$

（2）节约里程法的基本设定

①配送的是同一种货物。

②各客户的坐标及需求量均为已知。

③配送中心有足够的运输能力。

📖 案例分析

　　某配送中心 A 要向所在城市 B,C,D,E,F,G 6 个客户点配送货物,它们之间的距离和每一处的配送货物量见表6-4。运输车辆有2.5 t和4 t两种货车。试确定配送路线。

表6-4　配送距离和配送量

地　　点	AB	AC	AD	AF	AE	AG
距离/km	9	12	12	24	20	21
配送量/t	0.8	0.7	1.0	1.1	1.75	1.15
地　　点	BC	CD	DF	EF	EG	FG
距离/km	9	10	19	6	1	6
配送量/t						

　　解　由上表可以画出配送点最短距离计算图,见图6-6。

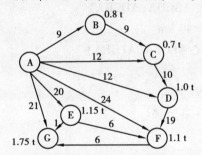

图6-6　配送距离计算图

通过对距离计算图的分析,可以得出表6-5所示的最短距离。

表6-5　最短距离表

	A	B	C	D	E	F	G
A	0	9	12	12	20	24	21
B		0	9	19	29	33	30
C			0	10	32	29	33
D				0	25	19	25
E					0	6	1
F						0	6
G							0

通过路径组合,可以计算出节约里程量,见表6-6。

表6-6　节约里程表

序　号	1	2	3	4	5	6	7	8	9	10	B	B	B	C	C
组合	EG	FG	EF	DF	CD	BC	DG	CF	DE	BD	E	F	G	E	G
节约里程/km	40	39	38	17	14	12	8	7	7	2	0	—	—	—	—

由节约里程数表可知:

①EG 节约里程最大,配送货物量是 1.75 + 1.15 = 2.9 t,在货车载重限度内,可以入选。

②FG 的配送货物量 1.1 t,可与 2.9 t 拼装为一辆 4 t 货车的载运量;

③由此衔接成为一条配送路线 AEGFA(或 AFGEA);

④全程为 20 + 1 + 6 + 24 = 51 km。4 t 货车装满。

其次考虑第二条配送路线。

①C、D 配送货物量是 1.0 + 0.7 = 1.7 t,在货车载重限度内,将 B 点的 0.8 t 货物集中在一起,拼装为一辆 2.5 t 货车的载运量;

②形成第二条配送路线 ABCDA(ADCBA)

全程为 9 + 9 + 10 + 12 = 40 km

※ 配送路线优化后确定 AEGFA(AFGEA)

和 ABCDA(ADCBA)

※ 总行程为 51 + 40 = 91 km,

使用 4 t 和 2.5 t 的货车各一辆。

项目7　药品物流信息管理

【知识目标】
➤了解物流信息技术的概念；
➤熟悉信息技术的应用；
➤熟悉网络维护的重要环节和相关内容。

任务 7.1　物流信息技术

狭义：物流信息是指与物流活动（如运输、保管、包装、装卸、流通加工等）有关的信息。对运输管理、库存管理、订单管理、仓库作业管理等物流活动具有支持保证的功能。

广义：物流信息不仅指与物流活动有关的信息，而且包含与其他流通活动有关的信息，如商品交易信息和市场信息等。除狭义的功能外，物流信息还具有连接整个供应链和使整个供应链活动效率化的功能。

7.1.1　物流信息的特征

物流信息具有传递信息量大、更新速度快、渠道多样化等特征。

随着人类需求向着个性化的方向发展，物流过程也在向着多品种少批量生产和高频度小批量配送的方向发展。因此，物流信息在物流的过程中呈现出很多不同的特征。和其他领域信息比较，物流信息特殊性主要表现在：

①由于物流是一个大范围内的活动，物流信息源也分布在一个大范围内，信息源点多、信息量大。如果这个大范围中未能实现统一管理或标准化，则信息便缺乏通用性。

②物流信息动态性特别强，信息的价值衰减速度很快，这就对信息工作及时性要求较高。在大系统中，强调及时性，信息收集、加工、处理应快速。

③物流信息种类多，不仅内部环节有不同种类的信息，而且物流系统与其他系统（如生产系统、销售系统、消费系统等）密切相关。物流信息需收集这些类别的信息，这就使物流信息的分类、研究、筛选等难度增加。

7.1.2 条形码（Bar code）技术

定义：在浅色衬底上由深色矩形的线条（码条）排列而成的编码。其码条及空白条的数量和宽度按一定的规则编排。

特点：可读性高，可靠性高，经济性好，易于实现自动化，灵活性高，输入速度快。

应用：图书管理邮电/报刊业。常用条形码有 39 码 、UPC 码、EAN 码等。

1）商品条形码

我国采用国际上通用的商品代码——EAN 条形码。

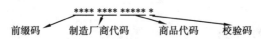

前缀码　　制造厂商代码　　商品代码　　校验码

2）信息技术在物流中的应用

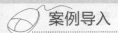 案例导入

条形码

各数字代表的含义：

听装健力宝饮料的条码；

690 代表我国的 EAN 组织代码；

1010 代表广东健力宝企业；

101098 是听装饮料的商品代码。

6 901010 101098

1. 物流条形码

物流条形码：在商品条形码前加了一位物流识别代码。

商品条形码和物流条形码的区别，详情见表 7-1。

表 7-1　商品条形码与物流条形码的区别

类　别	应用对象	数字构成	包装形状	应用领域
商品条形码	顾客	13 位数字	单个包装	POS 系统、补充订货管理
物流条形码	物流过程	14 位数字	集合包装	出入库管理、运输保管分拣管理

2. 二维条形码

二维条形码近几年刚刚发展起来，正在应用于多个领域。PDF417 二维条形码是一种堆叠式二维条形码，目前应用最广泛。

PDF417 条码是由美国 SYMBOL 企业发明的，PDF（Portable Data File）的意思是"便携数据

文件"。组成条形码的每一个条码字符由 4 个条和 4 个空共 17 个模块构成,故称为 PDF417
条形码。

常用条码扫描器及其工作方式有以下几种:

①光笔条形码扫描器。

②手持式枪型条形码扫描器。

③台式条形码自动扫描器。

④激光自动扫描器。

⑤卡式条形码阅读器。

⑥便携式条形码阅读器。

知识拓展

国际上通用、公认的物流条码码制

1. ITF-14 条码

2. UCC/EAN-128 条码

3. EAN-13 条码

物流 EAN-13 条码的结构与商品 EAN-13 条码无异,也是一种定长、无含义、无自校验功能的条码。

在物流供应链中选用条码时,要根据货物和商品包装的不同,采用不同的条码码制。一般而言,单个大件商品,如电视机、电冰箱、洗衣机等商品的包装箱常采用。EAN-13 条码;定量储运包装箱常采用 ITF-14 或 UCC/EAN-128 条码,包装箱内可以是单一商品,也可是不同的或多件拥有小包装的商品。

任务 7.2 信息技术在物流中的应用

7.2.1 RFID 技术

1)概念

RFID 是 Radio Frequency Identification 的缩写,即射频识别,俗称电子标签。

RFID 射频识别是一种非接触式的自动识别技术,它通过射频信号自动识别目标对象并获

取相关数据,识别工作无须人工干预,可工作于各种恶劣环境。

RFID 的基本组成部分:标签(Tag)、阅读器(Reader)、天线(Antenna)。

2)RFID 的应用

①物流和供应管理。

②生产制造和装配。

③航空行李处理。

④邮件/快运包裹处理。

⑤文档追踪/图书馆管理。

⑥动物身份标识。

⑦运动计时。

⑧门禁控制/电子门票。

⑨道路自动收费。

7.2.2 电子数据交换(EDI)技术

1)EDI 的定义及其发展

EDI 技术是指不同的企业之间,为了提高经营活动的效率,在标准化的基础上通过计算机联网进行数据传输和交换的方法。

EDI 发展经历了 3 个阶段(图 7-1):

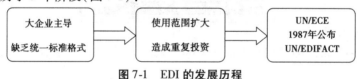

图 7-1　EDI 的发展历程

2)EDI 系统的构成和通信方式等

(1)EDI 系统的构成(图 7-2)

EDI 的构成三要素:EDI 软件和硬件、通信网络和数据标准化。

EDI 数据标准化:交易双方传输文件的特定格式,采用报文标准——文件结构、格式、语法规则等,如联合国的 UN/EDIPACT。

图 7-2　EDI 系统构成

(2)EDI 通信方式

EDI 通信方式主要分为点对点(PTP 方式)、增值网(VAN)方式和 MHS 方式。

（3）物流 EDI 技术

承运业主通过物流 EDI 把信息传送到实际运送货物的交通运输企业。运输企业通过 EDI 把承运信息反馈给协助单位,通过其他物流相关单位的合作,最终把货物运送到货物业主,详情见图 7-3。

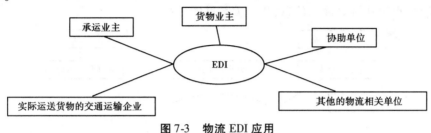

图 7-3 物流 EDI 应用

7.2.3 信息技术的应用

1）电子数据交换技术的应用

EDI 是供应链管理的主要手段之一,通过一致的交换标准使复杂数据交换成为可能。EDI 技术的应用使供应链变得更加集成化,使供应链的三流(物流、信息流、资金流)变得更加通畅、及时。EDI 在供应链中应用详情见图 7-4。

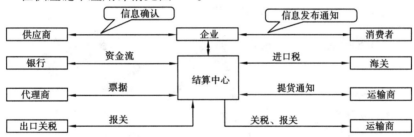

图 7-4 电子数据交换技术应用

2）地理信息系统的应用

地理信息系统(Geographic Information System,GIS)的一般定义是:面向空间相关信息,采集、存储、检查、操作、分析和显示地理数据的系统,其组成可以通过图 7-5 表示出来。

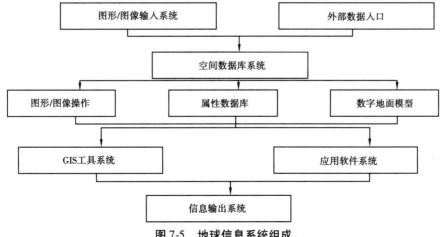

图 7-5 地球信息系统组成

物流方面的应用:车辆路线模型、网络物流模型、分配集合模型、设施定位模型。

地理信息系统在物流信息系统中的应用涉及地理资源的提供,经过加工转化入库,整合单位信息资源、物流信息,经过统计后得出物资信息、地理信息形成数据库。通过物资资源信息加工转换入库后,由地图显示物资情况详细信息,再经过物资信息、地理信息数据库分析,追踪物资详细信息,得出物资具体点信息,相互关系见图7-6。

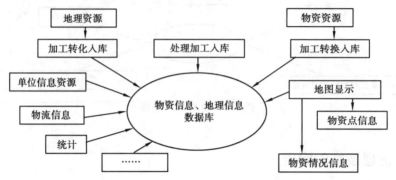

图 7-6　物流信息系统的工作结构

3)全球卫星定位系统

全球卫星定位系统(Global Positioning System,GPS)是利用多颗通信卫星对地面目标的状况进行精确测定的系统。可以实现运行车辆的全程跟踪监视,并通过相关的数据和输入的其他相关系统进行交通管理。GPS 的信息传递模式见图7-7。

图 7-7　GPS 的信息传递模式

（1）基本原理

GPS 定位的基本原理是根据高速运动的卫星瞬间位置作为已知的起算数据,采用空间距离后方交会的方法,确定待测点的位置。

（2）全球定位系统的应用

用于供应链管理:汽车自定位、跟踪调度、陆地救援、远洋救援;空中交通管制、精密进场着陆、航路导航和监视;铁路运输管理,其实施方案见图7-8。

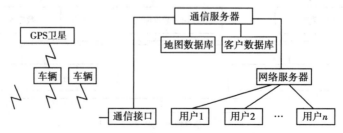

图 7-8　GPS 在物流业的实施过程

任务 7.3 物流信息系统分析

7.3.1 物流企业概述

物流企业:独立于生产领域之外,专门从事与商品物流有关的各种经济活动的企业。

基本职能:是以商品的买者和卖者的双重身份交替出现在市场中,按照供求状况完成物资的交换,解决社会生产与消费在数量、质量、时间和空间上的矛盾,实现生产和消费的供求结合,保证社会再生产的良性循环。

7.3.2 物流企业的业务分析

1)物流企业的业务构成

物流企业全过程,从大的方面来分——仓储和配送。

(1)仓储(3 个阶段、5 个环节)

3 个阶段——入库、在库、出库。

5 个环节——接运、验收、保管、出库、发运(与 3 个阶段相对应)。

接运——卸货作业、卸货后货物管理、到货登记、编制卸车记录等(主要负责与卸货相关的工作内容)。

验收——货物验收交接、材料记录整理、登账。

保管——对货物的盘点、维护、管理、保养等。

出库——核对库存、出库作业、货单记账。

发运——合理配载、发货复核、监装结算。

(2)配送作业——营运管理和运输管理

营运管理——针对营运作业而设定的作业环节。

营运管理——委托单管理(外部客户的需求)、任务单管理(组织内部自上而下的命令形式)。

运输管理——针对配送活动中运输资源的管理。

运输管理——运输力量管理(组织内部各种资源的管理,力求达到最大限度利用率)、运输业务管理(对相关活动的管理)。

2)物流企业业务的特点

物流企业业务的特点主要包括仓储和配送。

仓储的核心问题:仓储系统的布局设计、库存最优控制以及仓储作业操作。

现代仓储与传统仓储的区别:

①现代仓储管理偏重于强调商品的流动性。

②现代仓储商品更具有多样性。

③现代物流企业仓储管理强调与其他功能的配合。

现代配送业务与传统配送业务的区别：

①现代配送业务涉及的商品种类远远多于一般流通企业配送业务的商品种类。

②现代配送业务注重与物流内部其他功能之间的配合，考虑整体利益需要。

3）物流信息系统开发阻力

物流信息系统成败关键在于：信息系统所携带的管理理念和水平与企业的管理理念和水平是否和谐统一；行业内部的结构和方法是否合理；企业与信息系统之间是否相互支持。

物流企业出现的如下问题，也成为阻碍物流信息系统开发的因素：

（1）缺乏统一标准

我国的物流标准化体系建设不完善。

（2）需求不明确

企业客户对自身业务的发展战略和设定的信息化工作目标不清楚，业绩无从对比，考核也缺少主要依据。

（3）权力分配

关于基层操作者和执行者的工作细节和详情作为记录保存下来，从而使得中间可操作的灰色地带越来越窄。

（4）员工缺乏统一意识

比如各组织机构强调独特性，从心理方面和利益方面抗拒统一。

（5）系统设计缺乏远见

比如相关系统设计的理念，以及后期系统的规划和升级计划。

4）物流企业信息系统的构架分析

物流信息系统构建意义：实现企业内部部门数据的统一化管理，保证企业各部门之间数据的相对独立，使系统适应企业的业务和工作流程，充分实现信息共享，保证数据的相对独立性和整体完整性、安全性与正确性，如图7-9所示。

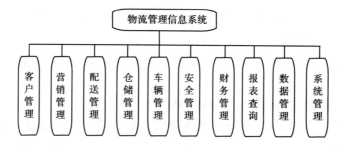

图7-9 物流管理信息系统的逻辑结构

（1）客户管理模块

客户管理模块主要负责对客户的资料进行管理，记录客户的需求即对企业的建议。如客户资料登记、修改、查询、客户回访、物流状态查询，如图7-10所示。

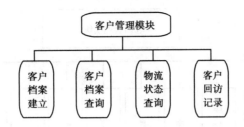

图 7-10　客户管理模块的逻辑结构

（2）营销管理模块

营销管理模块主要包括合同管理、订单管理以及收费标准的制订等相关问题，如图 7-11 所示。

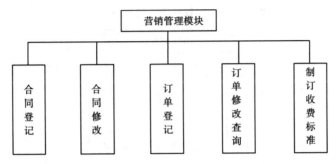

图 7-11　营销管理模块的逻辑结构

（3）配送管理模块

配送管理模块负责跟进客户的订单进行配送活动，或向海关申报出入的内容和企业的相关资源情况，并制订最优的配送计划和运输调度计划，如图 7-12 所示。

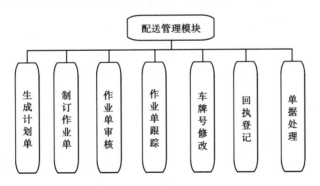

图 7-12　配送管理模块的逻辑结构

（4）仓储管理模块

仓储管理模块即委托方的货物存放在物流中心的仓库中，仓库方面有责任和义务保证在库货品的完好，并实现最终的妥善交付，如图 7-13 所示。

（5）车辆管理模块

车辆管理模块主要用于对车辆信息及驾驶员信息进行储存管理，此外还包括车辆挂靠管理、车辆交费管理等相关的多方面内容，如图 7-14 所示。

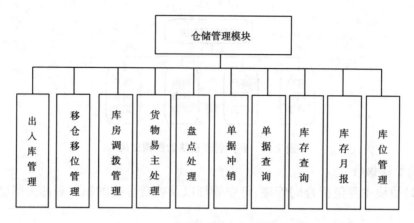

图 7-13 仓储管理模块的逻辑结构

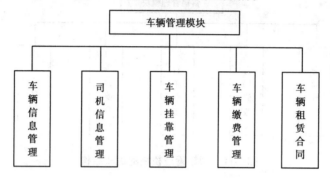

图 7-14 车辆管理模块的逻辑结构

（6）安全管理模块

安全管理模块主要负责对车辆的相关安全信息进行管理，并对配送管理模块所制订的作业单进行安全审核，及时发现安全隐患并作出相应的处理，如图 7-15 所示。

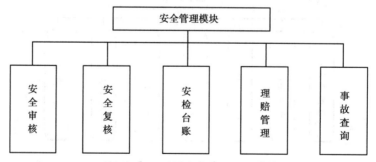

图 7-15 安全管理模块的逻辑结构

（7）财务管理模块

财务管理模块主要包括对各种费用的查询、结算以及统计等方面，如图 7-16 所示。

（8）报表查询模块

报表查询模块主要用于提供各类报表的查询服务，如图 7-17 所示。

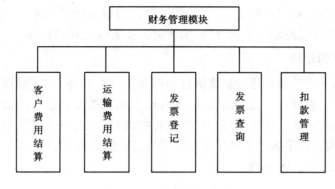

图 7-16　财务管理模块的逻辑结构

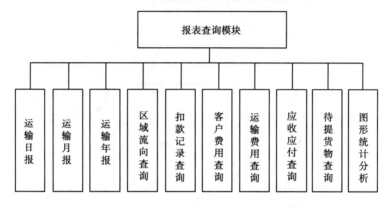

图 7-17　报表查询模块的逻辑结构

（9）系统管理模块

系统管理模块主要包括安全方面和使用功能方面。其中,安全方面包括客户身份识别和相应权限的管理包括功能方面包括打印预览和相关设置方面,另外还包括一些冗余文件或数据的手动删除或对必要文件的人工备份。

任务 7.4　物流信息系统的应用

第三方物流企业引进先进的信息处理技术,不仅会提高物流企业的自动化程度和信息共享度,提高工作效率,降低成本,更重要的是从根本上改变物流企业的发展战略,有效地促进物流企业各部门之间的协作,改进物流企业与客户的信息交流方式。在这种市场趋势的发展下,物流信息化系统建设显得具有巨大的潜力与意义。

7.4.1　管理信息系统在物流中的应用

1）管理信息系统

管理信息系统是由人员、计算机等组成的能进行信息收集、传达、储存、加工、维护和使用的系统。它能实时监测企业的各种运行状况;利用过去的数据预测未来;从企业全局出发,辅助企业进行决策;利用信息控制企业的行为,来帮助企业实现其规划目标。

2)管理信息系统的功能

管理信息系统的主要功能是进行物流信息的收集、存储、传输、加工整理、维护和输出,为物流管理者及其他组织管理人员提供战略、战术及运作决策的支持,以达到组织的战略竞优,提高物流运作的效率与效益。系统采用分层模块化的设计方法,各个模块可以根据客户的要求分拆和组合,从而构成满足客户个性化需求的量身定做的系统,达到以最少的投资实现信息系统的功能最大化。详情见图7-18。

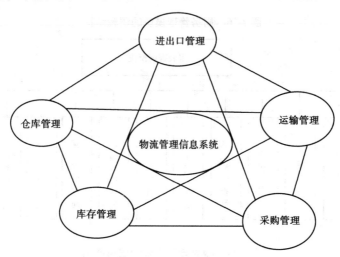

图7-18 管理信息系统在物流中的运用

3)管理信息系统的应用

物流管理信息系统除了传统的储存、运输、配送服务具有相应的功能外,应当还提供集成化的网络服务,如通过Internet与供应链上的客户进行数据交换,及时了解不同配送站点的库存数量、所有设备和人员的使用状况、供应链中供应商和协作商的信息,并能根据历史数据进行市场预测和决策等,这些功能都是现代化的物流配送系统的核心和出发点。其包括在库存、采购、运输环节等的运用,工作流程见图7-19。

7.4.2 电子自动订货系统(EOS)

1)EOS系统概念

企业间利用通信网络(VAN或互联网)和终端设备,以在线连接的方式,进行订货作业和订货信息交换的系统。

EOS系统并非是单个的零售店与单个的批发商组成的系统,而是许多零售店和许多批发商组成的大系统的整体运作方式。从应用领域来讲,不论零售业、批发业,还是制造商,都可以采用EOS系统进行企业内的补充订货。

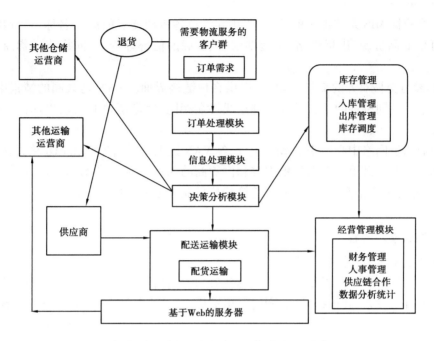

图 7-19 管理信息系统在物流中的工作流程

> ## 🖱️ 知识拓展
>
> ### EOS 的发展历程
>
> 第一阶段:早期的 EOS 是通过电话/传真在零售商和供应商之间传递订货信息的。
>
> 第二阶段:基于点对点方式的 EOS。零售商和供应商的计算机通道专线或电话线直接相连,相互传递订货信息。
>
> 第三阶段:基于增值网(VAN)的 EOS。零售商和供应商之间通过 VAN 传递订货信息,VAN 作为信息增值服务的提供者,用于转发、管理订货信息。
>
> 第四阶段:基于 Internet 和 Intranet 的 EOS。利用 Web 技术,通过 Internet 传递订货信息,加速信息传递和共享。

2) EOS 系统整体运作模式

EOS 系统整体运作模式如图 7-20 所示。

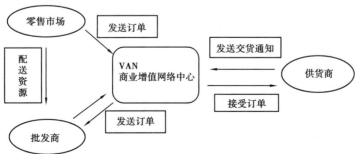

图 7-20 EOS 系统整体运作模式

采购人员根据 MIS 系统提供的功能,收集并汇总各机构要货的商品名称、要货数量,根据供货商的可供商品货源、供货价格、交货期限、供货商的信誉等资料,向指定供货商下达采购指令。

VAN 不参与交易双方的交易活动,只提供客户链接界面。VAN 是共同的情报中心,它是通过通信网络让不同机种的计算机或各种连线终端相同,促进情报的收发更加便利的一种共同情报中心。

根据商业增值网络中心传来的 EDI 单证,经 VAN 提供的通信界面和 EDI 格式转换系统而成为一张标准的商品订单。根据订单内容和供货商的 MIS 系统提供的相关信息,供货商可及时安排出货,并将出货信息通过 EDI 传递给相应的批发、零售商,从而完成一次基本的订货工作。

3)EOS 系统基本流程

EOS 系统的基本流程图如图 7-21 所示。

①在零售的终端利用条码阅读器获取准备采购的商品条码,并在终端机上输入订货种类。

②批发商开出发票,并根据传票,同时开出提货单,实施提货,然后根据送货传票进行商品发货。

③送货传票上的资料便成为零售商的应付账款资料及批发商的应收账款资料。

④接到应收账款的系统中去。

⑤零售商对送到货物进行检验后,便可陈列与销售。

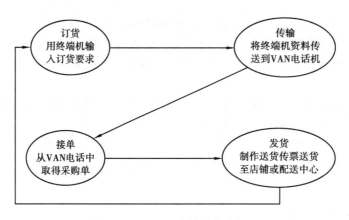

图 7-21　EOS 系统的基本流程图

4)EOS 系统在物流管理中的应用

①相对传统的订货方式,EOS 系统可以缩短从接到订单到发出订货的时间,缩短订货商品的交货期,降低商品订单的出错率,节省人工费。

②有利于提高企业的库存管理水平,提高企业的库存管理效率,同时也能防止商品特别是畅销商品的缺货现象。

③对生产厂家和批发商来说,通过分析零售商的商品订货信息,能准确判断畅销商品和滞销商品,有利于企业调整商品生产和销售计划。

④有利于提高企业物流信息系统的效率,使各个业务信息子系统之间的数据交换更加便利和迅速,丰富企业的经营信息。

7.4.3　销售时点信息系统（POS）

销售时点信息（point of sale）系统是指通过自动读取设备（如收银机）在销售商品时直接读取商品销售信息（如商品名、单价、销售数量、销售时间、销售店铺、购买顾客等），并通过通信网络和计算机系统传送至有关部门进行分析加工以提高经营效率的系统。POS系统最早应用于零售业，之后逐渐扩展至了其他服务性行业。

随着POS信息范围的扩大，POS系统的应用也从企业内部扩展到整条供应链。

1）POS系统的运行步骤

①零售商销售商品都贴有标示该商品信息的条形码标签。

②顾客购买商品结账时，收银员使用扫描读数仪自动读取商品条形码标签上的信息。通过店内微型计算机确认商品的单价，计算顾客购买总金额等。同时将销售时点信息返回给收银机，打印购买清单和付款总金额。

③各个店铺的销售时点信息通过VAN传送给总部或物流中心。

④总部、物流中心和店铺利用销售时点信息来进行库存调整、配送管理、商品订货等作业。通过对销售时点信息进行加工分析来掌握顾客购买行为动向，找出畅销商品和滞销商品，并对商品品种配置、商品陈列、价格设置等方面的作业。

⑤在零售商与供应链的上游企业（批发商、生产厂家、物流企业等）结成战略联盟的条件下，零售商利用VAN以在线的方式把销售时点信息传送给上游企业。上游企业可以利用销售现场最及时准确的销售信息制订经营计划，进行决策。

2）POS系统的特征

①单品管理、职工管理和顾客管理。

②自动读取销售时点的信息。

③信息的集中管理。

④是连接供应链的有力工具。

3）POS系统的应用

（1）单品管理、职工管理和顾客管理

零售业的单品管理是指对店铺陈列展示销售的商品以单个商品为单位进行销售跟踪和管理的方法。POS系统信息及时准确地反映了单个商品的销售信息。因此，POS系统的应用使高效率的单品管理成为可能。

顾客管理是顾客购买商品结账时，通过收银机自动读取零售商发行的顾客ID卡或者顾客信用卡来把握每位顾客购买品种和购买额，从而对顾客进行分类管理。

职工管理是通过POS系统终端机上的计时器的记录，对职工的出勤状况和工作效率进行考核。

（2）自动读取销售时点的信息

在顾客购买商品结账时，POS系统通过扫描读数仪自动读取商品条形码标签或OCR标签上的信息，在销售商品的同时获得实时销售信息。

（3）信息的集中管理

在各个 POS 终端获得的销售时点信息以在线链接方式汇总到企业总部。把传送信息与其他部门发送的有关信息一起由总部的信息系统加以集中并进行分析加工，如掌握畅销商品和滞销商品以及新商品的销售倾向。对商品的销售量和销售价格、销售量和销售时间之间的相关关系进行分析，对商品店铺陈列方式、促销方法、促销期限、竞争商品的影响进行相关分析等。

（4）连接供应链的工具

供应链参与各方合作的主要领域之一是信息共享。销售时点信息是企业经营中最重要的信息之一，通过它能及时掌握顾客需要的信息。供应链的参与各方可以利用销售时点信息并结合其他的信息来制订企业的经营计划和市场营销计划。

7.4.4 物流运输企业的信息管理系统

现代运输管理是对运输网络的管理。在这个网络中传递着不同区域的运输任务、资源控制、状态跟踪、信息反馈等。运输管理系统是物流管理信息系统的重要组成部分是整个供应链管理中不可或缺的一个环节，运输的效率直接影响整个物流系统的运作。保持物流信息的畅通、合理使用是物流企业和部门发展的基本条件，而运输管理系统的建立是其前提。

物流运输企业的信息管理系统主要包括货物跟踪系统和车辆运行管理系统。

1）货物跟踪系统

具体来说，货物跟踪系统就是物流运输企业的工作人员在向货主取货时，在物流中心重新集装运输时，在向顾客配送交货时，利用扫描仪自动读取货物包装或者货物发票上的物流条形码等货物信息。通过公共通信线路、专用通信线路或卫星通信线路把货物的信息传送到总部的中心计算机进行汇总整理。这样，所有被运送的货物的信息都集中在中心计算机里。

货物跟踪系统提高了物流企业的服务水平，其具体作业表现在以下 4 个方面：

①当顾客需要对货物的状态进行查询时，只要输入货物的发票号码，马上就可以知道有磁货物状态的信息。查询作业简便迅速，信息及时准确。

②通过货物信息可以确认是否货物将在规定的时间内送到顾客手中。能够及时发现没有在规定的时间内把货物交付给顾客的情况，便于马上查明原因并及时改正，从而提高运送货物的准确性和及时性，提高顾客服务水平。

③作为获得竞争优势的手段，提高物流运输效率，提供差别化物流服务。

④通过货物跟踪系统所得到的有关货物运送状态的信息丰富了供应链的信息分享源，有关货物运送状态信息的分享有利于顾客预告做好接货以及后续工作的准备。

建立货物跟踪系统需要较大的投资，如购买设备、标准化工作、系统运行费用等。因此，只有有实力的大型物流运输企业才能够应用货物跟踪系统。但是，随着信息产品和通信费用的低价格化以及互联网的普及，许多中小物流运输企业也开始用货物跟踪系统。在信息技术广泛普及的美国，物流运输企业建立本企业的网页，通过互联网从事物流运输业务。

2）车辆运行管理系统

在物流运输行业中，车辆运行管理系统已经作为提供物流运输服务的手段。在从事物流运输业务的过程中,车辆运行管理系统处于移动分散的状态,在作业管理方面会遇到其他的行业所没有的困难。但是,随着移动通信技术的发展和普及,出现了多种车辆运行管理系统。

车辆运行管理系统包括车辆档案管理、车辆运营管理、车辆管理、驾驶员管理、系统维护等模块,各模块之间的相互关系见图7-22。

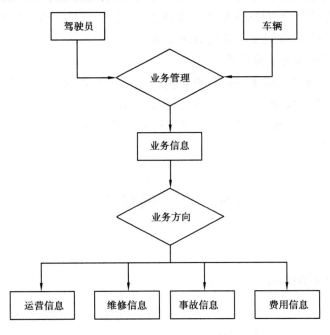

图7-22　各模块 E-R 图设计

3) 车辆运行管理系统的应用

(1) 应用 MCA 无线技术的车辆运行管理系统

应用 MCA 无线技术能使运输企业的计划调度室与运输车辆能进行双向通话。无线信号管理部门通过科学地划分无线频率来实现无线频率的有效利用。

(2) 应用通信卫星、GPS 技术和 GIS 技术的车辆运行管理系统

在采用通信卫星、GPS 技术和 GIS 技术的车辆运行管理系统中,企业可以与物流运输企业联系运货业务和查询运送货物的信息。

4) 车辆运行管理系统的优势

(1) 车辆运行管理系统满足现代运输的要求

根据网络运输的要求,实现对物流信息的资源控制、随时跟踪、信息反馈。车辆运行管理系统对客户需求进行分析,对线路和各种风险进行了评估,明确了客户的需求。随着系统的不断升级,对物流运输的管理已经不仅仅限于"用好",更多地要求"管好"。对信息的公开管理,已经向后扩展到信息资源的整理、采编、发放、共享。

(2) 车辆运行管理系统便于各部门的运输管理

车辆运行管理系统处于移动分散的状态。随着科技进步、通信技术的发展,各种资源共享、信息利用,车辆运行管理系统也建立了庞大的联络网点。多种车辆运行管理系统应运而生,相互协作,共同完成对物流运输的信息管理。

（3）车辆运行管理系统便于运输效率的提高

车辆运行管理系统作为现代运输管理的网络管理工具，可以随时提供多种选择途径。作为各行各业竞争优劣的手段，它方便了客户和企业之间的沟通与联系，减少了纠纷，降低了风险。在不断提高服务质量的竞争行业中，车辆运行管理系统提供了全方面物流运输信息供筛选，企业根据实际情况进行选择，提供客户自选的差别化物流服务。这种模式转变了竞争优势，提高了物流管理效率，促进了企业的迅速发展。

（4）车辆运行管理系统应用广泛

车辆运输管理系统已经成了各行各业物流运输的主要管理手段。它采取了先进的 MCA 无线技术，利用无线系统发出无线信号，进行各部门的数据汇报和信息交流。方便管理者查询物流车辆及载货信息。车辆运行管理系统也广泛应用到通信、定位等领域。

任务 7.5　网络维护

7.5.1　网络维护内容

什么是网络维护？网络维护包括网络设备管理（如计算机、服务器）、操作系统维护（系统打补丁、系统升级）、网络安全（病毒防范）等。

网络维护包含以下 3 个方面的内容：

①准确诊断、排除物流信息系统故障；

②进行网络设备与网络系统的维护；

③进行管理信息系统的开发与应用。

7.5.2　网络维护的重要环节

网络维护的重要环节包括设施管理、操作系统、服务器、网络安全、文件安全等。

1）网络维护——设施管理

在网络正常运行的情况下，对网络基础设施的管理主要包括确保网络传输的正常；掌握企业或者企业主干设备的配置及配置参数变更情况，备份各个设备的配置文件，这里的设备主要是指交换机和路由器、服务器等。负责网络布线配线架的管理，确保配线的合理有序；掌握内部网络连接情况，以便发现问题迅速定位；掌握与外部网络连接的设备，监督网络通信情况，发现问题后与有关机构及时联系；实时监控整个企业或企业内部网络的运转和通信流量情况。

2）网络维护——操作系统

维护网络运行环境的核心任务之一是企业或企业操作系统的管理。这里指的是服务器的操作系统。为确保服务器操作系统工作正常，应利用操作系统提供的和从网上下载的管理软件，实时监控系统的运转情况，优化系统性能，及时发现故障征兆并进行处理。必要的话，要对关键的服务器操作系统建立热备份,以免发生致命故障使网络陷入瘫痪状态。

3)网络维护——服务器

网络应用系统的管理主要是针对为企业或企业提供服务的功能服务器的管理。这些服务器主要包括代理服务器、游戏服务器、文件服务器、ERP 服务器、E-mail 服务器等。要熟悉服务器的硬件和软件配置,并对软件配置进行备份。企业要对 ERP 进行正常运行管理,防止出错,E-mail 进行监控,保证企业正常通信业务等,网吧要对游戏软件、音频和视频文件进行经常性更新,以满足客户的需求。

4)网络维护——网络安全

网络安全管理应该说是网络管理中难度比较高,而且很令管理员头疼的。因为客户可能会访问各类网站,并且安全意识比较淡薄,所以感染病毒是在所难免的。一旦有一台机器感染,那么就会引起一系列的连锁反应,致使整个网络陷入瘫痪。所以,一定要防于未然,为服务器设置好防火墙,对系统进行安全漏洞扫描,安装杀毒软件,并且要使病毒库时刻保持最新版本,并需要定期进行病毒扫描。

5)网络维护——文件管理

计算机系统中最重要的应当是数据,数据一旦丢失,那损失将会是巨大的。因此,重要的文件资料存储备份管理就是要避免这样的事情发生。重要的记录数据和重要的网络配置文件都需要进行备份,这就需要在服务器的存储系统中做镜像,对数据加以保护进行容灾处理。

7.5.3 物流信息系统的问题及对策

1)物流信息系统的问题和障碍

(1)信息化标准的缺失

大多数物流企业都是在本企业传统劣势业务的基础上开始信息化的,缺少标准的物流流程和信息化标准。物流信息体系的标准较为杂乱,难以互联互通,难以实现信息共享。这也就造成了中国物流企业信息技术投入的资源糟糕状况严重的现象,由此发生信息替换断层,从而制约了全部物流产业竞争力的提升。

(2)信息需求不明确

企业决策层在推动信息化过程时仍处于探索阶段,指示倡议并不成熟。企业指示对本身信息化需求说不清晰,缺少明确的总体设计、计划思路和策略。另外,信息化人才缺少,尤其是既懂业务又懂技术的人才非常匮乏。这导致信息化的实行与推动艰难。

(3)物流信息标准化工作滞后

随着经济全球化进程加快,物流标准化工作涉及的领域越来越广泛。目前,我国物流标准化体系的建设还很不完善,物流信息标准的制订和修改跟不上经济发展的需要。商品信息标准不统一,企业间就很难实现信息的交换和共享。物流领域里这种技术标准的多方面差异和缺陷,不仅导致物流系统作业环节增加,物流速度降低,物流事故增加,而且制约了物流的协调运作,整个电子化的物流网络相互之间难以做到兼容,数据难以交换。信息难以共享,使得商品从生产、流通到消费等各个环节难以形成完整通畅的供应链,严重影响了中国物流行业的管理和电子商务的运作。

（4）基础信息和公共服务平台发展缓慢

目前,我国物流基础信息和公共服务平台的建设与应用尚不尽如人意。据调查,GPS、GIS 技术服务在大型企业中的应用比例为23%,在大型物流企业中的应用比例仅有12.5%,在中小企业中基本上是空白,基础研究技术服务应用比例过低,整个行业的整合就相对困难。

（5）物流软件供应商竞争加剧,盈利模式尚未成熟

物流软件是近年来新崛起的一个热点,所以从事物流软件开发的企业不胜枚举,多则易杂,因此,我国物流软件存在良莠不齐的问题。

2）对策

①改革物流标准化工作管理体制。

②大力培养物流信息化专业人才。

③加快信息技术在物流领域的应用。

④物流软件业应深化整合。

⑤加快物流公共信息服务平台的建设。

项目8 实 训

【知识目标】

➤能够独立收集相关物流企业资料；

➤熟悉对物流企业的管理要求；

➤熟悉物流管理流程；

➤熟悉药品物流管理的特殊性以及相关法律法规的要求；

➤熟悉药品物流中药品质量的检查。

实训是掌握职业技能实际训练的简称。实训是在学校控制状态下，按照技能人才培养方案与目标，进行职业技术应用能力训练的教学过程。从形式上分，有技能鉴定达标实训和岗位素质达标实训，包括通用技能实训和专项技能实训；从内容上分，有动手操作技能实训和心智技能实训，包括综合素质要求（创业和就业能力统称跨岗位能力）实训。实训的最终目的是全面提高学生职业素质，最终达到学生满意就业和企业满意用人的目的。

实训1 药品物流企业调查

【实训目标】

1.了解不同类别药品物流企业（含承担物流服务的职能部门）的经营目标、物流服务范围、物流服务流程、组织架构设置于岗位设置。

2.了解各岗位人员的工作任务与目标要求、职业能力与知识能力。

【实训方法】

1.人员分组，建议每组3~5人。每组承担一家药品物流企业的调查。

2.主要利用公告信息平台进行调查，从药品物流企业公开信息了解相关内容。

3.处理所获资料和信息，并按要求进行列表呈现和得出结论。

【实训步骤】

1.确定每组调查企业类别。

2.确定组长，安排调查工作计划与实施方案（按照实训任务及计划要求进行分工）。

3.利用计算机与网络资源搜索所要信息。

4.按调查目标要求整理组员搜集信息,说明相关内容,得出结论。

【实训成果】

1.调查计划与实施方案。

2.任务安排表,获取信息整理及说明。

3.每组对企业经营目标、物流服务范围、物流服务流程、组织架构设置、岗位人员任务及要求、人员职业能力与知识要求的归纳表。

【实训评价】

1.调查计划与实施方案的完整性。

2.组员获取信息的完整性。

3.相关信息列表呈现及结果汇报的条理性。

实训 2　不同类别药品物流企业调查结果的比较

【实训目标】

1.通过不同类别药品物流企业的比较,了解不同类别药品物流企业(含承担物流服务职能部门)在经营目标、物流服务范围、物流服务流程、组织架构的岗位设置;各岗位人员工作任务与目标要求和人员职业能力要求。

2.通过比较同类别处于不同发展阶段(主要以药品物流作业与管理的现代化程度高低判断)的物流企业,从物流服务能力及对从业人员职业能力、知识水平要求的区别,进一步明确企业处于不同发展阶段对从业人员职业能力与知识水平要求不一样,明确企业与药品物流行业的发展方向,为个人职业发展规划提供参考。

【实训方法】

1.在实训 1 调查结果的基础上,教师指导各组将调查结果展示呈现(可以 PPT 加口头陈述或其他形式表现)。

2.教师指导不同类别的小组进行相互比较,罗列出不同类别药品物流企业在经营目标、物流服务范围、物流服务流程、组织架构设置与岗位设置;各岗位人员工作任务与目标要求,人员职业能力与知识要求上的异同。

3.教师指导同类别组两两进行比较,列出同类别处于不同发展阶段的药品物流企业在物流服务能力、各岗位人员工作任务与目标要求,人员职业能力与知识要求上的不同(列表呈现)。

【实训步骤】

1.分组,呈现各组调查结果。

2.不同类别企业进行比较,教师评述比较结果。重点说明不同类别药品物流企业在各方面的相同之处,提醒各小组成员在以后的学习过程中要重点注意企业的共同需求;提醒各小组成员在以后的学习过程中要重点注意处于不同发展阶段企业的不同需要及药品物流企业的发展方向,为自身以后的职业规划提供参考。

【实训评价】

1. 对不同药品物流企业进行比较:通过比较了解异同,列表说明,达到了解药品物流企业共同点及差异性的目标。

2. 同一企业处于不同发展阶段药品物流企业进行比较:通过比较了解药品物流企业的一般发展历程,特别是企业所处发展阶段不同对人力资源能力要求的不同,理解不同发展阶段的企业对从业人员职业能力要求有所区别,为以后的学习、择业奠定基础。

实训3 药品分类

【实训目标】

1. 按国家药品管理法律法规要求及药品物流作业活动对药品管理的需要,根据药品质量特性,选择合适的药品分类标志,尝试对企业经营的药品进行分类。

2. 在应用过程中检验分类的合理性,以及分类在物流作业中呈现出的效果。

【实训方法】

1. 分组,每组分别作为收货、验收、保管、养护、发货各环节工作人员。

2. 各组根据其选定的物流作业环节,查询我国药品管理法律法规对该环节的管理规定(列出管理要求):调查物流作业各环节完成其岗位工作任务对药品有什么具体的管理要求(列出管理要求)。

3. 每两组配对互审对方的分类:分类标志选择是否合理;是否能满足该物流环节管理药品的需要。

4. 汇总代表不同作业活动各岗位人员针对其岗位职能管理需要而构建的药品分类表。

【实训步骤】

1. 参训人员分组。

2. 确定每组承担药品物流的哪一环节物流活动。

3. 确定组长,安排确定完成项目任务工作计划与实施方案,按任务要求进行分工。

4. 利用计算机与网络资源或其他途径搜索所要信息(药品管理法律法规对药品物流作业活动的管理要求,企业物流各环节要完成的工作任务)。

5. 根据信息搜索结果列出法律法规管理要求与各岗位完成本岗位工作任务对药品进行管理的需要。

6. 按管理需要,选择合适的药品质量特性作为分类标志对药品进行分类。

7. 组内对所选分类是否满足管理需要进行自评。

8. 配对组进行互评。

9. 汇总。

【实训结果】

1. 各组工作计划与实施方案。

2.组长、组员分工与任务安排,组员所获信息及信息来源说明。

3.各组根据信息搜系结果列出法律法规管理要求与各岗位完成本岗位工作任务对药品进行管理的需要(图表说明)。

4.配对组互评表。

5.各组药品分类汇总比较表。

【实训评价】

1.分类充分考虑我国法律法规对药品规范管理的要求。

2.选用分类标志恰当、层次分明,能满足物流作业与管理的需要。

实训 4   药品目录查询

【实训目标】

1.熟悉各类药品目录在药品物流过程中的应用。

2.熟悉各类药品目录的使用及目录中各类药品品种信息的查询方法。

3.在药品物流作业与管理过程中,能准确、快速获取药品信息。

【实训方法】

1.分组,小组两两配对,从熟悉的药品物流企业或药品经营企业产品目录表中抽出药品,根据其包装或说明书上的信息和掌握的基础知识,判断药品是否属于国家基本药物、是否属于城镇居民医保药品、是否属于农村合作医疗保险药品、是否属于四大特殊管理药品、是否属于易制毒药品、是否属于兴奋剂药品、是否属于中药保护品种等。

2.以小组间竞赛方式,熟悉常用药品的分类及各类药品的流通管理与物流路径。

【实训步骤】

1.按组准备药品物流企业或药品经营企业产品目录表及相关品种信息(如药品包装标识、说明书或药品质量标准)和各类药品目录与品种表。

2.小组或成员随机抽取企业经营药品品种并介绍产品相关信息。

3.其他组或其他人根据此产品信息,利用所学药品分类知识及各类药品目录,判断药品属哪一类。

4.重复并交换角色,为其在药品物流作业过程对药品能准确分类并按各类药品流通及物流管理要求操作奠定基础。

【实训结果】

1.按组准备药品物流企业或药品经营企业产品目录表及相关品种信息(如常用包装标识、说明书或药品质量标准)和各类药品目录与品种表。

2.药品类别判断结果(表格说明:药品品种与分类类别、对错与速度)。

【实训评价】

1.熟悉我国按不同管理要求对药品分类形成的不同类别药品目录(重点:基本药物目录、

四大类特殊管理药品目录、医保药品目录)及其品种查询方法,能快速查询并准确确定药品类别。

2.熟悉不同类别药品流通渠道及国家法律法规对该类药品物流过程的管理要求,依法进行物流作业活动。

实训 5 药品电子监管码的查询

【实训目标】

1.熟悉药品电子监管码查询方法。

2.熟悉药品电子监管码结构、含义及其在药品物流作业与管理过程中的应用。

【实训方法】

1.分小组,各小组应用所学药品分类知识,从列入电子监管的药品类别中,查询相关药品电子监管码。

2.小组内两两配对,从前述准备的各大类实施电子监管药品的电子监管码中随机抽出电子监管码,根据所学相关知识说明码的含义。

3.以小组间竞赛方式,一人从各小组搜集的各大类实施电子监管药品的电子监管码中随机抽出电子监管码,其他人根据所学药品电子监管码知识,说明码的含义。

【实训步骤】

1.各小组应用所学药品分类知识,从列入电子监管的药品类别中,查询相关药品的电子监管码并打印。

2.小组或成员随机抽出药品电子监管码。

3.其他组或其他人根据此码结构及所学知识说明码的含义。

4 重复并交换角色,熟悉药品电子监管码结构及含义。

【实训结果】

1.各组按照准备列入电子监管药品品种名称、标识中的电子监管码并打印。

2.药品电子监管码释义(说明:药品品种名称、电子监管码、码含义说明、对错、速度)。

3.明确并理解应用电子监管码与电子监管网实施药品电子监管的意义。

【实训评价】

1.熟悉 1 种药品电子监管码查询途径与方法,能快速查询并获得药品相关信息。

2.能对药品电子监管码进行准确释义,为物流作业过程药品管理提供准确信息。

3.熟悉药品电子监管码与监管网在药品供应链各环节中的作用,能以顾客、监督者、流通环节企业工作人员的角色熟练应用监管码与监管网信息。

实训 6　药品运输包装技术在物流中的应用

【实训目标】

1. 熟悉药品运输包装技术类别、特点和适用范围,在药品物流作业与管理过程中的应用。

2. 熟悉药品包装完整性与密封性的检测,科学合理评价药品包装操作效果,促进物流提高效率。

【实训方法】

1. 查询不同类别药品运输包装技术所用药包材、设备与工具,适用货物、包装操作要求与注意事项。

2. 针对不同类别药品在储运过程中药品质量维护与方便物流作业的需要,选择合适的药品运输包装技术及相关药包材、设备与工具,对药品进行运输包装操作。

3. 对药品包装的完整性与密封性进行检测。

【实训步骤】

1. 分组,按组选择一类运输包装技术,查询其所用药包材、设备与工具、包装操作要求与注意事项、适用货物,药品包装的完整性与密封性检测方法。

2. 打印相关查询结果。

3. 按该类药品运输包装技术特点,选择被包的对象(某类药品,了解并记录其形状、尺寸大小、数量),对应要用的运输包装材料(根据要包药品的形状、尺寸大小、数量,药包材的规格,确定要用多少包装材料),包装过程要用的包装设备和工具,合适的包装操作场所。

4. 按包装操作要求与注意事项要求进行包装作业。

5. 对被包药品的包装进行完整性与密封性检测。

6. 通过检测结果,判定包装作业的质量。

7. 交换进行各种包装技术的操作和包装完整性与密封性的操作演练。熟悉各种包装操作、包装检测操作。

【实训结果】

1. 查询到的运输包装技术,其所用药包材料、设备与工具、包装操作要求与注意事项、适用货物;药品包装的完整性与密封性检测方法。

2. 各组包装检测结果。

3. 将查询与实际操作结果资料汇总,然后共享。

【实训评价】

1. 熟悉运输包装技术所用设备与工具及其使用注意事项。

2. 熟悉包装的完整性与密封性检测方法及其注意事项。

3. 包装检测结果。

实训 7　药品包装标识在物流中的应用

【实训目标】

1. 明确我国药品管理法律法规对药品包装标识的管理要求。
2. 熟悉常用药品包装标识类别、作用,在物流作业与管理过程中的应用。

【实训方法】

1. 查询信息,明确我国药品管理法律法规对各类药品包装标识的管理要求(包装、标签、说明书、注册商标)。
2. 解释不同类别包装药品标识的含义,说明其在流通、使用过程中的意义。
3. 判断处于流通环节中的药品包装标识是否符合我国管理法规的要求。
4. 在药品物流作业过程中,选择合适的包装与储运标识,指导物流作业、药品的销售和使用。

【实训步骤】

1. 分组,按组选择一类药品(中药材、中药饮片、中成药、化学原料药、化学制剂、生物药品),查询其包装、标签、说明书的管理要求(药品标准)。
2. 打印相关查询结果。
3. 按该查询结果,选择属这类药品,对其包装、标签、说明书进行核对,判断是否符合要求。
4. 各组交换重复操作,熟悉不同类别药品包装、标签、说明书的具体要求,按所给待发运药品类别、目的地、所用运输工具、所选运输路线,给待发运药品选择合适的储运包装标识,进行规范、安全的物流作业。

【实训结果】

1. 各组查询到的各类药品包装标识管理要求。
2. 各组对药品实物包装标识与法规要求核对结果。
3. 针对不同类别待发运药品的包装储运标识的选择。

【实训评价】

包装标识的选择和应用准确、快捷。

实训 8　药品外观质量检验

【实训目标】

1. 明确药品物流作业过程哪些环节要对药品外观质量进行检查。
2. 熟悉不同类别药品外观质量检验方法、操作流程、注意事项。

3. 能按药品质量标准要求对流通过程中的各类药品进行质量检验,判定药品质量是否合格。

【实训方法】

1. 各组根据某药品质量标准要求,对药品外观性状进行检查,对待检药品外观质量是否合格作出判断。

2. 各组交换待检品种,重复上述操作,熟悉不同类别药品外观质量检验方法、操作流程及注意事项。

3. 各组按药品进出物流中心或配送中心流程,说明要进行药品外观质量检查的环节。

【实训步骤】

1. 分组,按组准备所选药品质量标准。

2. 每组按该药品质量标准要求,对相应实物进行外观质量检查,根据结果判断药品是否合格。

3. 各组交换品种,重复以上操作,熟悉不同类别药品外观质量检查程序和方法。

4. 每组选一操作过的药品按药品进出物流中心或配送中心流程,说明要进行药品外观质量检查的环节。

【实训结果】

1. 各组以所选药品说明在进出物流中心或配送中心流程要进行药品外观质量检查的环节及目的,以及如何检查并下结论。

2. 比较各组各类别药品检验的异同,总结各类别药品检验内容的特点及注意事项。

3. 针对问题,讨论解决办法并提出对策。

【实训评价】

1. 外观检验内容、方法、判断标准与药品质量标准一致。

2. 检验结果判断准确。

实训 9　药品质量维护

【实训目标】

1. 能根据不同类别药品的成分、结构特点,说明其易发生质量变化的类型、质量变化的表现形式及其变化的原因,并可根据药品所处的流通环节与环境,判断导致其变化的主要外因。

2. 能根据不同类别药品的成分、结构、理化与生物学性质特点、剂型、包装特点,药品所处的流通环节与环境特点,判断导致药品变化的主要外因,提出恰当的质量维护措施,稳定药品在流通过程的质量。

【实训方法】

1. 熟悉易发生氧化还原、水解、分解、聚合等化学变化的药品类别;易发生生物学变化及物理变化的药品类别。

2.通过看药品说明书查询药品质量标准,从药品的成分、化学结构、剂型、包装等特点,判断药品在流通与使用过程中易发生的变化、变化的表现形式、导致变化的内因与外因,并依此针对主要外因提出合适的质量维护措施,以确保药品在流通过程中的质量。

3.轮流模拟药品入库检验、在库检查、出库复核工作,通过药品外观质量检查,判断药品质量是否发生变化、药品质量是否合格、后续应采取什么质量维护措施。

【实训步骤】

1.分组,按组准备易发生化学变化、物理变化和生物学变化的三大类代表性药品及相应的药品质量标准或药品说明书。

2.每组根据药品质量标准或说明书所示的药品成分、化学结构、剂型、包装特点,判断药品在流通过程中易发生的变化及变化的表现形式,说明主要影响因素。

3.根据流通过程中采取的运输方式、物流路径、药品有效期、储运温湿度要求等提出药品物流过程的质量维护措施。

4.各组交换药品类别重复以上操作,熟悉不同类别药品质变形式、影响因素、质量维护措施。通过药品外观质量检查,判断药品质量是否发生变化、发生了什么变化、药品质量是否合格、后续应采取什么质量维护措施。

【实训结果】

1.各组对所选药品在流通过程易发生的变化及变化的表现形式,说明主要影响因素,并根据流通过程可能采取的运输方式、物流路径、药品有效期、储运温湿度要求等提出药品物流过程的质量维护措施。

2.通过对不同类别药品的外观质量检查,判断药品质量是否发生变化、发生了什么变化、药品质量是否合格、后续应采取什么质量维护措施。

【实训评价】

质量变化判断准确、快速;所选方法科学、合理、有效、低成本。

实训 10　GSP 对药品物流的规范

【实训目标】

1.明确 GSP 对药品经营企业的物流作业场所、硬件设施设备配置与管理、人员与职能部门物流作业活动、流动药品进行管理的规范要求。

2.理解通过质量体系认证促使企业实施全面质量管理的含义、意义及其具体的做法。

【实训方法】

1.按新 GSP 的要求,熟悉 GSP 对药品经营企业的物流作业场所、硬件设施设备配置与管理、人员与职能部门物流作业活动、流动药品的管理的规范要求。

2.模拟药品经营企业物流各岗位作业人员岗位工作任务、工作活动内容与要求。模拟准备接受 GSP 检查的部门岗位文件、现场。

3. 各组轮流模拟,重复上述活动。

【实训步骤】

1. 分组,按组准备 GSP 实施细则及 GSP 认证现场评估要求。

2. 每组作为一个药品物流企业的职能部门或物流作业环节的工作人员,熟悉 GSP 检查过程。通过 GSP 认证检查,部门或人员该做什么、怎么做。

3. 交换部门或工作岗位角色,重复上述活动,以熟悉和明确 GSP 对整个企业、企业不同部门或工作岗位的规范要求。

【实训结果】

1. 新 GSP 的要求。

2. 企业各部门和各岗位工作的规范要求。(列表说明)

3. 企业物流作业场所、硬件设施设备配置与管理、药品的管理、信息(文件)管理要求(按物流作业流程列表说明)。

【实训评价】

与新 GSP 认证要求一致。

附　录

附录 1　麻醉药品品种目录（2013 年版）

序号	中文名	英文名	CAS 号	备注
1	醋托啡	Acetorphine	25333-77-1	
2	乙酰阿法甲基芬太尼	Acetyl-alpha-methylfentanyl	101860-00-8	
3	醋美沙多	Acetylmethadol	509-74-0	
4	阿芬太尼	Alfentanil	71195-58-9	
5	烯丙罗定	Allylprodine	25384-17-2	
6	阿醋美沙多	Alphacetylmethadol	17199-58-5	
7	阿法美罗定	Alphameprodine	468-51-9	
8	阿法美沙多	Alphamethadol	17199-54-1	
9	阿法甲基芬太尼	Alpha-methylfentanyl	79704-88-4	
10	阿法甲基硫代芬太尼	Alpha-methylthiofentanyl	103963-66-2	
11	阿法罗定	Alphaprodine	77-20-3	
12	阿尼利定	Anileridine	144-14-9	
13	苄替啶	Benzethidine	3691-78-9	
14	苄吗啡	Benzylmorphine	36418-34-5	
15	倍醋美沙多	Betacetylmethadol	17199-59-6	
16	倍他羟基芬太尼	Beta-hydroxyfentanyl	78995-10-5	
17	倍他羟基-3-甲基芬太尼	Beta-hydroxy-3-methylfentanyl	78995-14-9	
18	倍他美罗定	Betameprodine	468-50-8	
19	倍他美沙多	Betamethadol	17199-55-2	

续表

序号	中文名	英文名	CAS 号	备注
20	倍他罗定	Betaprodine	468-59-7	
21	贝齐米特	Bezitramide	15301-48-1	
22	大麻和大麻树脂与大麻浸膏和酊	Cannabis and Cannabis Resin and Extracts and Tinctures of Cannabis	8063-14-76465-30-1	
23	氯尼他秦	Clonitazene	3861-76-5	
24	古柯叶	Coca Leaf		
25	可卡因*	Cocaine	50-36-2	
26	可多克辛	Codoxime	7125-76-0	
27	罂粟浓缩物*	Concentrate of Poppy Straw		包括罂粟果提取物*,罂粟果提取物粉*
28	地索吗啡	Desomorphine	427-00-9	
29	右吗拉胺	Dextromoramide	357-56-2	
30	地恩丙胺	Diampromide	552-25-0	
31	二乙噻丁	Diethylthiambutene	86-14-6	
32	地芬诺辛	Difenoxin	28782-42-5	
33	二氢埃托啡*	Dihydroetorphine	14357-76-7	
34	双氢吗啡	Dihydromorphine	509-60-4	
35	地美沙朵	Dimenoxadol	509-78-4	
36	地美庚醇	Dimepheptanol	545-90-4	
37	二甲噻丁	Dimethylthiambutene	524-84-5	
38	吗苯丁酯	Dioxaphetyl Butyrate	467-86-7	
39	地芬诺酯*	Diphenoxylate	915-30-0	
40	地匹哌酮	Dipipanone	467-83-4	
41	羟蒂巴酚	Drotebanol	3176-03-2	
42	芽子碱	Ecgonine	481-37-8	
43	乙甲噻丁	Ethylmethylthiambutene	441-61-2	
44	依托尼秦	Etonitazene	911-65-9	
45	埃托啡	Etorphine	14521-96-1	
46	依托利定	Etoxeridine	469-82-9	
47	芬太尼*	Fentanyl	437-38-7	
48	呋替啶	Furethidine	2385-81-1	

续表

序号	中文名	英文名	CAS 号	备　注
49	海洛因	Heroin	561-27-3	
50	氢可酮*	Hydrocodone	125-29-1	
51	氢吗啡醇	Hydromorphinol	2183-56-4	
52	氢吗啡酮*	Hydromorphone	466-99-9	
53	羟哌替啶	Hydroxypethidine	468-56-4	
54	异美沙酮	Isomethadone	466-40-0	
55	凯托米酮	Ketobemidone	469-79-4	
56	右美沙芬	Levomethorphan	125-70-2	
57	左吗拉胺	Levomoramide	5666-11-5	
58	左芬啡烷	Levophenacylmorphan	10061-32-2	
59	左啡诺	Levorphanol	77-07-6	
60	美他佐辛	Metazocine	3734-52-9	
61	美沙酮*	Methadone	76-99-3	
62	美沙酮中间体	Methadone Intermediate	125-79-1	4-氰基-2-二甲氨基-4,4-二苯基丁烷
63	甲地索啡	Methyldesorphine	16008-36-9	
64	甲二氢吗啡	Methyldihydromorphine	509-56-8	
65	3-甲基芬太尼	3-Methylfentanyl	42045-86-3	
66	3-甲基硫代芬太尼	3-Methylthiofentanyl	86052-04-2	
67	美托酮	Metopon	143-52-2	
68	吗拉胺中间体	Moramide Intermediate	3626-55-9	2-甲基-3-吗啉基-1,1-二苯基丁酸
69	吗哌利定	Morpheridine	469-81-8	
70	吗啡*	Morphine	57-27-2	包括吗啡阿托品注射液*

续表

序号	中文名	英文名	CAS 号	备 注
71	吗啡甲溴化物	Morphine Methobromide	125-23-5	包括其他五价氮吗啡衍生物,特别包括吗啡-N-氧化物,其中一种是可待因-N-氧化物
72	吗啡-N-氧化物	Morphine-N-oxide	639-46-3	
73	1-甲基-4-苯基-4-哌啶丙酸酯	1-Methyl-4-phenyl-4-piperidinol propionate (ester)	13147-09-6	MPPP
74	麦罗啡	Myrophine	467-18-5	
75	尼可吗啡	Nicomorphine	639-48-5	
76	诺美沙多	Noracymethadol	1477-39-0	
77	去甲左啡诺	Norlevorphanol	1531-12-0	
78	去甲美沙酮	Normethadone	467-85-6	
79	去甲吗啡	Normorphine	466-97-7	
80	诺匹哌酮	Norpipanone	561-48-8	
81	阿片*	Opium	8008-60-4	包括复方樟脑酊*、阿桔片*
82	奥列巴文	Oripavine	467-04-9	
83	羟考酮*	Oxycodone	76-42-5	
84	羟吗啡酮	Oxymorphone	76-41-5	
85	对氟芬太尼	*Para*-fluorofentanyl	90736-23-5	
86	哌替啶*	Pethidine	57-42-1	
87	哌替啶中间体 A	Pethidine Intermediate A	3627-62-1	4-氰基-1-甲基-4-苯基哌啶
88	哌替啶中间体 B	Pethidine Intermediate B	77-17-8	4-苯基哌啶-4-羧酸乙酯
89	哌替啶中间体 C	Pethidine Intermediate C	3627-48-3	1-甲基-4-苯基哌啶-4-羧酸
90	苯吗庚酮	Phenadoxone	467-84-5	
91	非那丙胺	Phenampromide	129-83-9	

续表

序号	中文名	英文名	CAS 号	备 注
92	非那佐辛	Phenazocine	127-35-5	
93	1-苯乙基-4-苯基-4-哌啶乙酸酯	1-Phenethyl- 4-phenyl- 4-piperidi-nol acetate（ester）	64-52-8	PEPAP
94	非诺啡烷	Phenomorphan	468-07-5	
95	苯哌利定	Phenoperidine	562-26-5	
96	匹米诺定	Piminodine	13495-09-5	
97	哌腈米特	Piritramide	302-41-0	
98	普罗庚嗪	Proheptazine	77-14-5	
99	丙哌利定	Properidine	561-76-2	
100	消旋甲啡烷	Racemethorphan	510-53-2	
101	消旋吗拉胺	Racemoramide	545-59-5	
102	消旋啡烷	Racemorphan	297-90-5	
103	瑞芬太尼*	Remifentanil	132875-61-7	
104	舒芬太尼*	Sufentanil	56030-54-7	
105	醋氢可酮	Thebacon	466-90-0	
106	蒂巴因*	Thebaine	115-37-7	
107	硫代芬太尼	Thiofentanyl	1165-22-6	
108	替利定	Tilidine	20380-58-9	
109	三甲利定	Trimeperidine	64-39-1	
110	醋氢可待因	Acetyldihydrocodeine	3861-72-1	
111	可待因*	Codeine	76-57-3	
112	右丙氧芬*	Dextropropoxyphene	469-62-5	
113	双氢可待因*	Dihydrocodeine	125-28-0	
114	乙基吗啡*	Ethylmorphine	76-58-4	
115	尼可待因	Nicocodine	3688-66-2	
116	烟氢可待因	Nicodicodine	808-24-2	
117	去甲可待因	Norcodeine	467-15-2	
118	福尔可定*	Pholcodine	509-67-1	
119	丙吡兰	Propiram	15686-91-6	
120	布桂嗪*	Bucinnazine		
121	罂粟壳*	Poppy Shell		

注:1.上述品种包括其可能存在的盐和单方制剂(除非另有规定)。

2.上述品种包括其可能存在的异构体、酯及醚(除非另有规定)。

3.品种目录有 * 的麻醉药品为我国生产及使用的品种。

附录2 精神药品品种目录（2013 年版）

第一类

序号	中文名	英文名	CAS 号	备 注
1	布苯丙胺	Brolamfetamine	64638-07-9	DOB
2	卡西酮	Cathinone	71031-15-7	
3	二乙基色胺	3-[2-(Diethylamino)ethyl]indole	7558-72-7	DET
4	二甲氧基安非他明	(±)-2,5-Dimethoxy-*alpha*-methylphenethylamine	2801-68-5	DMA
5	(1,2-二甲基庚基)羟基四氢甲基二苯吡喃	3-(1,2-dimethylheptyl)-7,8,9,10-tetrahydro- 6,6,9-trimethyl-6*H*dibenzo[b,d]pyran-1-ol	32904-22-6	DMHP
6	二甲基色胺	3-[2-(Dimethylamino)ethyl]indole	61-50-7	DMT
7	二甲氧基乙基安非他明	(±)-4-ethyl-2,5-dimethoxy-α-methylphenethylamine	22139-65-7	DOET
8	乙环利定	Eticyclidine	2201-15-2	PCE
9	乙色胺	Etryptamine	2235-90-7	
10	羟芬胺	(±)-N-[alpha-methyl-3,4-(methylenedioxy)phenethyl]hydroxylamine	74698-47-8	N-hydroxy MDA
11	麦角二乙胺	(+)-Lysergide	50-37-3	LSD
12	乙芬胺	(±)-N-ethyl-alpha-methyl-3,4-(methylenedioxy)phenethylamine	82801-81-8	N-ethyl MDA
13	二亚甲基双氧安非他明	(±)-N,alpha-dimethyl-3,4-(methylene-dioxy)phenethylamine	42542-10-9	MDMA
14	麦司卡林	Mescaline	54-04-6	

序号	中文名	英文名	CAS 号	备 注
15	甲卡西酮	Methcathinone	5650-44-2（右旋体），49656-78-2（右旋体盐酸盐），112117-24-5 （左旋体），66514-93-0（左旋体盐酸盐）	
16	甲米雷司	4-Methylaminorex	3568-94-3	
17	甲羟芬胺	5-methoxy-α-methyl-3,4-(methylenedioxy）phenethylamine	13674-05-0	MMDA
18	4-甲基硫基安非他明	4-Methylthioamfetamine	14116-06-4	
19	六氢大麻酚	Parahexyl	117-51-1	
20	副甲氧基安非他明	P-methoxy-alpha-methylphenethylamine	64-13-1	PMA
21	赛洛新	Psilocine	520-53-6	
22	赛洛西宾	Psilocybine	520-52-5	
23	咯环利定	Rolicyclidine	2201-39-0	PHP
24	二甲氧基甲苯异丙胺	2,5-Dimethoxy-*alpha*,4-dimethylphenethylamine	15588-95-1	STP
25	替苯丙胺	Tenamfetamine	4764-17-4	MDA
26	替诺环定	Tenocyclidine	21500-98-1	TCP
27	四氢大麻酚	Tetrahydrocannabinol		包括同分异构体及其立体化学变体
28	三甲氧基安非他明	（±)-3,4,5-Trimethoxy-alpha-methylphenethylamine	1082-88-8	TMA
29	苯丙胺	Amfetamine	300-62-9	
30	氨奈普汀	Amineptine	57574-09-1	
31	2,5-二甲氧基-4-溴苯乙胺	4-Bromo-2,5-dimethoxyphenethylamine	66142-81-2	2-CB
32	右苯丙胺	Dexamfetamine	51-64-9	
33	屈大麻酚	Dronabinol	1972-08-3	δ-9-四氢大麻酚及其立体化学异构体

续表

序号	中文名	英文名	CAS 号	备 注
34	芬乙茶碱	Fenetylline	3736-08-1	
35	左苯丙胺	Levamfetamine	156-34-3	
36	左甲苯丙胺	Levomethamfetamine	33817-09-3	
37	甲氯喹酮	Mecloqualone	340-57-8	
38	去氧麻黄碱	Metamfetamine	537-46-2	
39	去氧麻黄碱外消旋体	Metamfetamine Racemate	7632-10-2	
40	甲喹酮	Methaqualone	72-44-6	
41	哌甲酯*	Methylphenidate	113-45-1	
42	苯环利定	Phencyclidine	77-10-1	PCP
43	芬美曲秦	Phenmetrazine	134-49-6	
44	司可巴比妥*	Secobarbital	76-73-3	
45	齐培丙醇	Zipeprol	34758-83-3	
46	安非拉酮	Amfepramone	90-84-6	
47	苄基哌嗪	Benzylpiperazine	2759-28-6	BZP
48	丁丙诺啡*	Buprenorphine	52485-79-7	
49	1-丁基-3-(1-萘甲酰基)吲哚	1-Butyl-3-(1-naphthoyl) indole	208987-48-8	JWH-073
50	恰特草	Catha edulis Forssk		Khat
51	2,5-二甲氧基-4-碘苯乙胺	2,5-Dimethoxy- 4-iodophenethyl-amine	69587-11-7	2C-I
52	2,5-二甲氧基苯乙胺	2,5-Dimethoxyphenethylamine	3600-86-0	2C-H
53	二甲基安非他明	Dimethylamfetamine	4075-96-1	
54	依他喹酮	Etaqualone	7432-25-9	
55	[1-(5-氟戊基)-1H-吲哚-3-基](2-碘苯基)甲酮	[1-(5-Fluoropentyl)-3-(2-iodobenzoyl) indole]	335161-03-0	AM-694
56	1-(5-氟戊基)-3-(1-萘甲酰基)-1H-吲哚	1-(5-Fluoropentyl)-3-(1-naphthoyl) indole	335161-24-5	AM-2201
57	γ-羟丁酸*	Gamma-hydroxybutyrate	591-81-1	GHB
58	氯胺酮*	Ketamine	6740-88-1	
59	马吲哚*	Mazindol	22232-71-9	

续表

序号	中文名	英文名	CAS 号	备 注
60	2-(2-甲氧基苯基)-1-(1-戊基-1H-吲哚-3-基)乙酮	2-(2-Methoxyphenyl)-1-(1-pentyl-1H-indol-3-yl)ethanone	864445-43-2	JWH-250
61	亚甲基二氧吡咯戊酮	Methylenedioxypyrovalerone	687603-66-3	MDPV
62	4-甲基乙卡西酮	4-Methylethcathinone	1225617-18-4	4-MEC
63	4-甲基甲卡西酮	4-Methylmethcathinone	5650-44-2	4-MMC
64	3,4-亚甲二氧基甲卡西酮	3,4-Methylenedioxy-N-methylcathinone	186028-79-5	Methylone
65	莫达非尼	Modafinil	68693-11-8	
66	1-戊基-3-(1-萘甲酰基)吲哚	1-Pentyl-3-(1-naphthoyl)indole	209414-07-3	JWH-018
67	他喷他多	Tapentadol	175591-23-8	
68	三唑仑*	Triazolam	28911-01-5	

第二类

序号	中文名	英文名	CAS 号	备 注
1	异戊巴比妥*	Amobarbital	57-43-2	
2	布他比妥	Butalbital	77-26-9	
3	去甲伪麻黄碱	Cathine	492-39-7	
4	环己巴比妥	Cyclobarbital	52-31-3	
5	氟硝西泮	Flunitrazepam	1622-62-4	
6	格鲁米特*	Glutethimide	77-21-4	
7	喷他佐辛*	Pentazocine	55643-30-6	
8	戊巴比妥*	Pentobarbital	76-74-4	
9	阿普唑仑*	Alprazolam	28981-97-7	
10	阿米雷司	Aminorex	2207-50-3	
11	巴比妥*	Barbital	57-44-3	
12	苄非他明	Benzfetamine	156-08-1	
13	溴西泮	Bromazepam	1812-30-2	
14	溴替唑仑	Brotizolam	57801-81-7	
15	丁巴比妥	Butobarbital	77-28-1	
16	卡马西泮	Camazepam	36104-80-0	

续表

序号	中文名	英文名	CAS 号	备 注
17	氯氮䓬	Chlordiazepoxide	58-25-3	
18	氯巴占	Clobazam	22316-47-8	
19	氯硝西泮*	Clonazepam	1622-61-3	
20	氯拉䓬酸	Clorazepate	23887-31-2	
21	氯噻西泮	Clotiazepam	33671-46-4	
22	氯噁唑仑	Cloxazolam	24166-13-0	
23	地洛西泮	Delorazepam	2894-67-9	
24	地西泮*	Diazepam	439-14-5	
25	艾司唑仑*	Estazolam	29975-16-4	
26	乙氯维诺	Ethchlorvynol	113-18-8	
27	炔己蚁胺	Ethinamate	126-52-3	
28	氯氟䓬乙酯	Ethyl Loflazepate	29177-84-2	
29	乙非他明	Etilamfetamine	457-87-4	
30	芬坎法明	Fencamfamin	1209-98-9	
31	芬普雷司	Fenproporex	16397-28-7	
32	氟地西泮	Fludiazepam	3900-31-0	
33	氟西泮*	Flurazepam	17617-23-1	
34	哈拉西泮	Halazepam	23092-17-3	
35	卤沙唑仑	Haloxazolam	59128-97-1	
36	凯他唑仑	Ketazolam	27223-35-4	
37	利非他明	Lefetamine	7262-75-1	SPA
38	氯普唑仑	Loprazolam	61197-73-7	
39	劳拉西泮*	Lorazepam	846-49-1	
40	氯甲西泮	Lormetazepam	848-75-9	
41	美达西泮	Medazepam	2898-12-6	
42	美芬雷司	Mefenorex	17243-57-1	
43	甲丙氨酯*	Meprobamate	57-53-4	
44	美索卡	Mesocarb	34262-84-5	
45	甲苯巴比妥	Methylphenobarbital	115-38-8	
46	甲乙哌酮	Methyprylon	125-64-4	
47	咪达唑仑*	Midazolam	59467-70-8	

序号	中文名	英文名	CAS 号	备 注
48	尼美西泮	Nimetazepam	2011-67-8	
49	硝西泮*	Nitrazepam	146-22-5	
50	去甲西泮	Nordazepam	1088-11-5	
51	奥沙西泮*	Oxazepam	604-75-1	
52	奥沙唑仑	Oxazolam	24143-17-7	
53	匹莫林*	Pemoline	2152-34-3	
54	苯甲曲秦	Phendimetrazine	634-03-7	
55	苯巴比妥*	Phenobarbital	50-06-6	
56	芬特明	Phentermine	122-09-8	
57	匹那西泮	Pinazepam	52463-83-9	
58	哌苯甲醇	Pipradrol	467-60-7	
59	普拉西泮	Prazepam	2955-38-6	
60	吡咯戊酮	Pyrovalerone	3563-49-3	
61	仲丁比妥	Secbutabarbital	125-40-6	
62	替马西泮	Temazepam	846-50-4	
63	四氢西泮	Tetrazepam	10379-14-3	
64	乙烯比妥	Vinylbital	2430-49-1	
65	唑吡坦*	Zolpidem	82626-48-0	
66	阿洛巴比妥	Allobarbital	58-15-1	
67	丁丙诺啡透皮贴剂*	Buprenorphine Transdermal patch		
68	布托啡诺及其注射剂*	Butorphanol and its injection	42408-82-2	
69	咖啡因*	Caffeine	58-08-2	
70	安钠咖*	Caffeine Sodium Benzoate		CNB
71	右旋芬氟拉明	Dexfenfluramine	3239-44-9	
72	地佐辛及其注射剂*	Dezocine and Its Injection	53648-55-8	
73	麦角胺咖啡因片*	Ergotamine and Caffeine Tablet	379-79-3	
74	芬氟拉明	Fenfluramine	458-24-2	
75	呋芬雷司	Furfennorex	3776-93-0	
76	纳布啡及其注射剂	Nalbuphine and its injection	20594-83-6	
77	氨酚氢可酮片*	Paracetamol and Hydrocodone Bitartrate Tablet		

续表

序号	中文名	英文名	CAS 号	备　注
78	丙己君	Propylhexedrine	101-40-6	
79	曲马朵*	Tramadol	27203-92-5	
80	扎来普隆*	Zaleplon	151319-34-5	
81	佐匹克隆	Zopiclone	43200-80-2	

注:1. 上述品种包括其可能存在的盐和单方制剂(除非另有规定)。

　　2. 上述品种包括其可能存在的异构体(除非另有规定)。

　　3. 品种目录有 * 的精神药品为我国生产及使用的品种。

附录3　物流师职业标准及考试模块

1.职业概括

1.1　职业名称:物流师

1.2　职业定义

从事运输、仓储、配送、装卸、搬运、包装、流通加工、信息服务、报关、单证等物流活动的规划、设计、管理和操作人员。

1.3　职业等级

本职业共设 4 个等级,分别为:物流员(国家职业资格四级)、助理物流师(国家职业资格三级)、物流师(国家职业资格二级)、高级物流师(国家职业资格一级)。

1.4　职业环境

职业环境包括室内外,常温。

1.5　职业能力特征

有一定表达能力和计算能力,听觉正常,色觉正常,动作协调性好。

1.6　基本文化程度

基本文化程度为高中毕业(或同等学力)。

1.7　培训要求

1.7.1　培训期限

全日制职业学校教育,根据其培养目标和教学计划确定。

晋级培训期限:物流员不少于 120 学时,助理物流师不少于 160 学时,物流师不少于 200 学时,高级物流师不少于 240 学时。

1.7.2　培训教师

培训教师应当具备物流工程和管理专业知识、相关专业工作经验和教学经验,并具有良好的语言表达能力和知识传授能力。

培训物流员的教师应当具有本职业助理物流师资格证书或本专业讲师以上资格;培训助理物流师的教师应当具有本职业物流师资格证书或本专业副教授以上资格;培训物流师的教师应具有本职业高级物流师职业资格证书或 3 年以上本专业副教授以上资格;培训高级物流师的教师应具有 3 年以上本职业高级物流师职业资格证书或本专业教授资格。

1.7.3 培训场地设备

培训机构应当具有可容纳 20 名以上学员的标准教室,培训场所应有必要的教学设备、设施,室内卫生、光线、通风条件良好。

1.8 鉴定要求

1.8.1 适用对象

从事或准备从事本职业的人员。

1.8.2 申报条件

物流员:(具备以下条件之一者)

①取得相关职业初级工资格证书后,连续从事本职业工作 3 年以上,经本职业物流员职业培训达到规定的标准教学时数,并取得结业证书。

②连续从事本职业工作 5 年以上。

③取得经劳动保障行政部门审核认定的、以中级技能为培养目标的中等职业学校本职业(专业)毕业证书。

助理物流师(具备以下条件之一者)

①取得本职业物流员资格证书后,连续从事本职业工作 3 年以上,经本职业助理物流师级职业培训达到规定标准教学时数,并取得结业证书。

②取得本职业物流员职业资格证书后,连续从事本职业或相关职业工作 5 年以上。

③取得高级技工学校或经劳动保障行政部门审核认定的、以高级技能为培养目标的高等职业学校本职业(专业)毕业证书。

④具有本专业或相关专业大专以上学历,连续从事本职业工作 1 年以上。

⑤具有大学本科以上学历,连续从事本职业工作 3 年以上。

物流师(具备以下条件之一者)

①取得本职业助理物流师职业资格证书后,连续从事本职业工作 3 年以上,经本职业物流师级职业培训达到规定标准教学学时,并取得结业证书。

②取得本职业助理物流师职业资格证书后,连续从事本职业工作 6 年以上。

高级物流师(具备以下条件之一者)

①取得本职业物流员师职业资格证书后,连续从事本职业工作 3 年以上,经本职业高级物流师级职业培训达到规定标准教学学时数,并取得结业证书。

②取得本职业物流师职业资格证书后,连续从事本职业工作 5 年以上。

③具有本专业及相关专业硕士研究生及以上学历,连续从事本职业或相关职业工作 3 年以上。

注:相关专业(职业)指经济管理、企业管理、工程管理、物资管理、仓储管理、交通运输、信息管理等。

1.8.3 鉴定方式

实行模块化考试,不同职业等级分考不同的模块,其中"物流应用与计算机基础"模块为公共模块,即无论考生从事何种级别报考,均需考试该模块。但是,该模块考试只需通过一次

即可,不同级别晋级考试时,无须重考。各职业等级对应的考核模块如下表所示:

职业等级	考试模块
公共模块	物流英语与计算机基础
物流员	1. 现代物流装备与技术实务 2. 现代物流管理基础
助理物流师	1. 仓储与配送管理基础 2. 企业物流管理基础 3. 物流软件操作
物流师	1. 仓储与配送管理 2. 企业物流管理 3. 供应链管理基础 4. 物流论文写作
高级物流师	1. 物流系统分析与规划 2. 供应链管理 3. 物流论文写作

各等级考核模块的内容和深度不同,互不重复。除"物流论文写作"外,各考核模块的考试均采用闭卷方式。每个考核模块考试均实行百分制,成绩达到 60 分以上者为合格。物流师和高级物流师还需要进行物流论文答辩,高级物流师还需要进行行业业绩跟踪和综合评审。

1.8.4　考评人员与考生配比

除"物流论文写作"外,各模块的考评员和考生的配比为 1∶20,"物流论文写作"的考评员和考生的配比为 3∶1～3∶3;进行综合评审时,考评员和考生的配比为 6∶1～6∶3。

1.8.5　鉴定时间

各模块的考试时间原则上为 90 min 或 120 min,不得少于 60 min。

2. 基本要求

2.1 职业道德

2.1.1　职业道德疾病知识

2.1.2　职业守则

①热爱岗位,忠于职守。

②遵纪守法,尊师爱徒。

③讲求信誉,公平竞争。

④关心企业,善待顾客。

⑤热情服务,勤于思考。

⑥实事求是,注重调研。

⑦严于律己,认真负责。

⑧勇于开拓,善于创新。

2.2 基础知识

2.2.1 物流业务活动基础知识

①物流的含义；
②物流管理基本知识；
③物流技术级别知识；
④物流专业英语基本知识；
⑤应用计算机的基本知识。

2.2.2 社交礼仪知识

①基本社交礼仪；
②物流活动中的礼仪；
③人际交往的技巧知识；
④交际中的忌讳知识。

2.2.3 相关法律、法规知识

①与合同法的相关知识；
②与海运相关法规的相关知识；
③与运输相关法规的相关知识；
④与仓储条例的相关知识；
⑤与检验法的相关知识；
⑥与劳动法的相关知识；
⑦与环境保护法的相关知识。

3. 职业要求及考核模块

物流员、助理物流师、物流师、高级物流师的职业能力要求依次递进。考生可根据自身的能力情况,参考 1.8.2 中规定的要求报考合适的级别。

3.1 物流英语与计算机基础(必需模块)

要求能够理解和应用物流英语术语,可以阅读基本的物流英语文献,掌握计算机的基本操作。

①在国际物流业务中正确使用物流英语术语；
②能够阅读基本的物流英语文献；
③能够进行计算机的基本操作。

考试模块内容:

①常用物流英语术语；
②海运单据；
③空运单据；
④联运单据；
⑤Windows 操作系统；
⑥计算机网络；
⑦常用软件(Excel、Access)。

3.2 物流员

3.2.1 总体要求

熟悉现代物流的基本概念和知识,掌握现代物流装备的操作方法,了解现代物流的运作流程、管理理念和基本方法。能够进行必要的物流英文阅读和计算机基本操作,具备熟练操作物流装备的能力,能够适应仓储、运输、配送、包装、装卸、搬运、流通加工、信息服务等岗位和与物流相关的海关、边检、商检等部门的报关、单证等岗位的操作要求。

3.2.2 详细表述

物流员的资格要求(职业功能、工作内容、能力要求、相关知识)详细描述如下表所示。

职业功能	工作内容	能力要求	相关知识
一、仓储及配送实务	(一)仓储方案的实施	1.能够操作仓储装备; 2.能够进行仓库的出入库工作; 3.能够进行货物保管工作	1.仓储装备知识; 2.货物管理的知识; 3.仓储流程管理知识
	(二)配送方案的实施	1.能够操作配送工具; 2.能够正确执行配送操作流程	1.配送的基本知识; 2.货物装卸、搬运的知识
二、运输管理实务	运输业务流程执行和基本管理	1.能够正确操作运输工具; 2.能够进行货物的装卸和搬运; 3.能够正确执行运输管理流程	1.运输管理知识; 2.运输装备知识
三、物流信息实务	物流信息的简单收集、分类和处理	1.能够了解物流信息的定义、特征; 2.能够对物流信息进行简单的分类	物流信息的知识
四、现代物流基础管理	(一)物流活动内容界定	1.界定物流活动范围; 2.识别关键性物流活动、了解与物流活动相关职能部门的联系	物流活动范围的知识
	(二)物流管理流程的初步实施	1.能够理解物流全过程; 2.能够实施物流操作层面的管理	物流管理相关理论
	(三)了解物流法规和国际公约	能够查阅相关物流法规和国际公约	物流法规和国际公约

3.2.3 考试模块及内容简介

考试模块	模块内容简介
一、现代物流装备与技术实务	1.仓储装备(仓库及货架); 2.仓库保管操作(货物管理); 3.仓储管理(出入库管理); 4.运输装备; 5.装卸、搬运装备与操作; 6.集装器具; 7.包装装备与操作;

续表

考试模块	模块内容简介
一、现代物流装备与技术实务	8. 流通加工装备与操作； 9. 分拣装备与操作； 10. 条形码原理； 11. 物流信息系统； 12. 配送概念； 13. 配送作业流程； 14. 运输方式及特点； 15. 运输工具
二、现代物流管理基础	1. 物流及物流系统的概念和内涵； 2. 物流的发展及未来趋势； 3. 物流的基本理论观点； 4. 物流活动的基本范围； 5. 物流网络和物流节点； 6. 企业物流的概念和内涵； 7. 供应链物流的概念和内涵； 8. 全球物流的概念和内涵； 9. 物流企业的概念和内涵； 11 相关物流法规和国际公约

3.3 助理物流师

3.3.1 总体要求

熟悉现代物流的系统理论和知识，熟练掌握现代物流装备的操作、维护方法和现代物流的运作流程，了解企业物流运营策略、企业物流管理理念和管理方法。具备熟练的物流装备操作和物流环节的运营实施能力，能够适应仓储、运输、配送、包装、装卸、搬运、流通加工、信息服务等岗位和与物流相关的海关、边检、商检等部门的报关、单证等岗位的物流操作与物流运营实施要求。

3.3.2 详细表述

助理物流师的资格要求(职业功能、工作内容、能力要求、相关知识)详细描述如下表所示。

职业功能	工作内容	能力要求	相关知识
一、物流供需调查	（一）实施物流供需调查	1. 能够设计简单的物流调查问卷； 2. 能够组织调查问卷和物流调查表的发放	1. 问卷设计知识； 2. 组织物流调研活动的知识
	（二）汇总整理调查资料	1. 能够组织回收调查问卷和调查表； 2. 能够对调查资料进行初步分类、整理和统计分析	1. 调查资料的分类、整理、统计方面的知识； 2. 汇总资料方面的知识

续表

职业功能	工作内容	能力要求	相关知识
二、物流信息管理	收集物流信息	1. 能够及时准确地收集必要的物流数据； 2. 能够对物流信息进行简单分类； 3. 能够了解物流信息的来源	1. 掌握物流信息的内容； 2. 信息分类的知识
三、物流运输管理	进行运输计划的实施	1. 能够运用科学方法正确选择运输路线和运输工具； 2. 能够组织货物的装卸、搬运； 3. 能够提出运费报价	1. 选择运输路线与运输工具的知识； 2. 货物装卸、搬运的知识； 3. 铁路、公路运费知识； 4. 安全作业知识
四、仓储及配送管理	（一）实施仓储运作方案	1. 能够编制仓储货物仓储规划； 2. 能够根据货物特性对货物进行保管； 3. 能够进行库存控制操作	1. 编制仓库货物仓储规划的知识； 2. 货物特性与保管保养要求的知识； 3. 货物质量控制知识； 4. 库存控制方面的知识
	（二）配送方案的实施	1. 能够根据配送计划正确选择配送方式； 2. 能够正确选择配送工具； 3. 能够根据计划实施流通加工	1. 关于配送方式的知识； 2. 关于配送工具的知识； 3. 关于流通加工的知识； 4. 环保知识
五、企业物流管理	（一）采购与供应实施	要求能够实施采购与供应计划	1. 采购物流与供应物流知识； 2. 采购与供应计划管理方面的知识
	（二）生产物流调度实施	要求能够实施生产物流调度计划	1. 生产物流知识； 2. 生产物流调度计划知识

职业功能	工作内容	能力要求	相关知识
五、企业物流管理	（三）销售物流计划实施	能够实施销售物流计划	1. 销售物流知识； 2. 销售物流计划知识
	（四）逆向物流处理	能够根据计划对回收废弃品进行处理	1. 废弃品回收知识； 2. 废弃品处理知识； 3. 环保知识
六、全球物流管理	实施全球物流流程	能够实施全球物流流程	1. 全球国际物流知识； 2. 全球物流流程知识
七、物流与电子商务实务	实施电子商务物流方案	能够实施电子商务物流方案	1. 物流与电子商务的关系； 2. 电子商务物流流程知识
八、物流软件操作	（一）仓储管理软件的操作	能够正确操作仓储管理软件	1. 计算机知识； 2. 仓储管理软件知识
	（二）运输管理软件的操作	能够正确操作运输管理软件	1. 计算机知识； 2. 运输管理软件知识
	（三）货代管理软件的操作	能够正确操作货代管理软件	1. 计算机知识； 2. 货代管理软件知识

3.3.3 考试模块即内容简介

考试模块	模块内容简介
一、仓储与配送管理基础	1. 仓储储存计划的编制； 2. 储存货物保管方法； 3. 库存控制方法； 4. 仓库安全管理； 5. 特殊仓储管理； 6. 配送中心业务流程； 7. 配送方式和工具的选择； 8. 配送中心的流通加工； 9. 运输方式和工具的选择； 10. 运费价格的选择

续表

考试模块	模块内容简介
二、企业物流管理基础	1.物流客户服务的概念、内涵及要素； 2.订单处理的内涵和基本流程，信息系统的基本组成； 3.采购的概念、内涵和流程； 4.供应物流的流程和特征； 5.生产物流的流程和特征； 6.销售物流的流程、特征和渠道； 7.逆向物流的概念、内涵、特征和渠道； 8.电子商务物流的概念、内涵、特征、过程和模式； 9.全球物流的特征、内容、流程和模式； 10.物流组织
三、物流软件操作	1.运输管理软件操作； 2.仓储管理软件操作； 3.货代管理软件操作

3.4 物流师

3.4.1 总体要求

熟悉现代物流的系统理论知识，熟练掌握现代物流装备的操作及维护方法，现代物流的运作流程、管理理念和基本方法，掌握企业建立物流发展战略、运营策略的知识和现代物流服务的营销手段。了解物流发展的规划、政策，了解现代物流发展动态、供应链管理和第三方物流的理论，具有系统的物流管理理念、物流项目运营能力和企业物流管理技巧，能够适应仓储、运输、配送、包装、装卸、搬运、流通加工、信息等岗位和与物流相关的海关、边检、商检等部门的报关、单证等岗位的物流运营和物流管理要求。

3.4.2 详细表述

物流师的资格要求（职业功能、工作内容、能力要求、相关知识）详细描述如下表所示。

职业功能	工作内容	能力要求	相关知识
一、物流市场研究	（一）组织物流供需调查	1.能够拟订调研方案； 2.能够正确选择调查方式	1.拟订调研方案的知识； 2.选择调查方式的知识； 3.选择调查对象的知识

续表

职业功能	工作内容	能力要求	相关知识
一、物流市场研究	（二）进行物流调查分析	1.能够对物流调查资料进行分析； 2.能够对物流调查结果进行评估与预测； 3.能够撰写物流调查报告	1.物流调查资料分析知识； 2.物流调查资料的估计与预测知识； 3.撰写调查报告知识
	（三）物流规划的具体实施	1.能够全面理解物流规划的设计思想； 2.能够按照物流规划的要求完成具体要求	1.物流规划知识； 2.具体实施物流规划的知识； 3.物流环保知识
二、物流信息管理	（一）物流信息分析	1.能够对物流信息进行合理的分类； 2.能够作物流信息分析报告	1.物流信息分类知识； 2.撰写物流信息分析报告知识
	（二）物流信息系统的应用	能够正确选择物流软件	1.物流软件知识； 2.物流管理知识
三、物流运输管理	（一）运输组织与调度	1.能够制订运输计划； 2.能够进行运输调度； 3.能够确定合理的运输方式； 4.能够根据运输计划正确选择承运人	1.编制货物运输计划知识； 2.运输调度知识； 3.运输组织与运输方式知识； 4.安全运输知识
	（二）运输成本	1.能够就运输合同进行谈判； 2.能够对运输成本进行综合分析和控制； 3.能够确定合理运输报价	1.运输合同知识； 2.谈判知识； 3.运输成本分析与控制知识； 4.运输报价知识
四、仓储及配送管理	（一）仓库运作管理	1.能够选择正确的仓库供应商； 2.能够正确设计仓库运作的流程； 3.能够正确选择仓库装卸搬运系统； 4.能够确定库存控制方案	1.仓库管理知识； 2.仓库运作流程知识； 3.仓库装卸、搬运知识； 4.仓库安全作业知识； 5.库存控制的知识

续表

职业功能	工作内容	能力要求	相关知识
四、仓储及配送管理	(二)配送方案设计	1. 能够正确选择包装方案； 2. 能够设计配送方案； 3. 能够制订正确的流通加工计划； 4. 能够对货物的交付期进行管理； 5. 能够设计增值服务的项目	1. 产品的包装知识； 2. 流通加工知识； 3. 货物配送知识； 4. 增值服务知识
五、企业物流管理	(一)采购与供应物流管理	能够制订采购与供应计划	企业采购与供应知识
	(二)生产物流管理	能够制订生产物流调度计划	企业生产物流调度知识
	(三)销售物流管理	能够制订销售物流计划	企业销售物流知识
	(四)逆向物流	能够制订回收废弃品的处理计划	1. 回收废弃品知识； 2. 废弃品处理知识； 3. 环保知识
	(五)物流成本分析	能够掌握物流成本分析的方法	1. 物流成本的知识； 2. 物流成本分析方法
	(六)物流审计和控制	能够掌握物流审计和控制的基本方法	1. 物流审计的知识； 2. 物流控制方法
六、供应链管理	供应链管理运作	1. 能够执行供应链成本分析流程； 2. 能够执行供应链诊断方案； 3. 能够执行供应链成本优化方案	1. 供应链成本知识； 2. 供应链诊断知识； 3. 供应链优化知识
七、全球物流管理	实施全球物流流程	能够制订全球物流方案	1. 全球物流知识； 2. 全球物流流程知识
八、物流与电子商务管理	实施电子商务物流方案	能够制订电子商务物流方案	1. 物流与电子商务关系； 2. 电子商务物流流程知识

3.4.3 考试模块及内容简介

考试模块	模块内容简介
一、仓储与配送管理	1.仓库装备的选择; 2.仓库运作流程的设计; 3.库存控制方法; 4.货物包装方案的制订方法; 5.流通加工计划的制订方法; 6.配送组织; 7.配送运输方法; 8.配送商务管理; 9.运输组织与管理; 10.装卸与搬运方案
二、企业物流管理	1.物流需求分析和调研方案设计; 2.客户关系管理的系统集成、模型设计和管理平台建立方案; 3.订单处理、物流信息管理流程和方法; 4.采购管理、供应决策方法和模型; 5.生产物流的计划、实施和控制; 6.销售物流的计划、实施和控制; 7.逆向物流的计划、实施和控制; 8.物流成本的构成、总成本计划和具体作业成本分析; 9.物流审计和控制的基本框架; 10.物流绩效衡量; 11.物流管理中的组织; 12.全球物流管理
三、供应链管理基础	1.供应链的概念与特征; 2.供应链管理方法; 3.供应链组织流程; 4.物流作业成本管理; 5.供应链诊断基础; 6.我国供应链管理问题与对策
四、物流论文写作	以论文的形式表述某种物流现象、方法或原理,或阐明某一物流问题的解决原理、方法、过程和效果

3.5 高级物流师

3.5.1 总体要求

要求系统掌握现代物流和供应链管理的理论,掌握诊断和评价物流系统和供应链绩效的技能与方法,能够对物流系统进行规划、设计和优化,具备制订企业物流发展战略和地区物流园规划及具体实施、运作的能力。能够适应仓储、运输、配送、包装、装卸、搬运、流通加工、信息等岗位和与物流相关的海关、边检、商检等部门的报关、单证等岗位的物流运营和物流管理、规划及决策要求。

3.5.2　详细表述

高级物流师的资格要求（职业功能、工作内容、能力要求、相关知识）详细描述如下表所示。

职业功能	工作内容	能力要求	相关知识
一、物流系统规划	（一）组织物流规划的编制	1.能够设计物流规划的工作流程； 2.能够组织物流规划工作的实施； 3.能够进行物流网络的设计和优化； 4.能够编制物流方案	1.物流规划工作流程知识； 2.物流规划实施知识； 3.物流网络知识； 4.物流方案知识
	（二）组织物流规划方案的实施	1.能够对相关人员进行培训； 2.能够协调指导物流规划方案的实施； 3.能够对物流模式进行正确决策； 4.能够进行物流生产组织与计划； 5.能够进行物流成本管理	1.物流模式知识； 2.决策知识； 3.物流生产组织与计划知识； 4.物流成本管理知识
二、物流信息管理	（一）物流信息系统设计	1.能够提出物流信息系统的选择原则及设计方案； 2.能够进行物流信息技术的选择	1.物流信息系统设计知识； 2.物流信息技术知识
	（二）物流信息系统维护和改进	1.能够对物流信息系统的设计方案进行改进； 2.能够对物流信息系统的维护提出建议	物流信息系统维护知识
三、物流运输管理	（一）运输策略选择	1.能够正确选择运输策略； 2.能够确定适当的运输模式	1.有关选择运输策略的知识； 2.有关各种运输模式的知识
	（二）运输系统设计	1.能够设计适当的运输网络； 2.能够提出运输网络优化方案	1.运输网络知识； 2.优化运输网络知识

职业功能	工作内容	能力要求	相关知识
四、仓储及分拨	（一）仓储战略选择	1.能够确定仓库布局； 2.能够正确选择库址； 3.能够选择物流中心位置	1.仓库合理布局和库址选择知识； 2.物流中心位置选择知识
	（二）仓库系统设计	1.能够对仓库系统的基本结构进行设计； 2.能够设计物流中心的总体布局； 3.能够提出物流设施与设备方案； 4.能够对物流中心建筑提出总体设计要求	1.仓库系统结构知识； 2.物流中心总体布局知识； 3.物流设施与设备知识； 4.物流中心建设总体知识
	（三）物流中心业务流程设计	能够根据客户的总体要求，制订进货、保管、出货流程	物流中心业务流程知识
五、企业物流管理	（一）采购与供应物流管理	1.能够制订采购战略； 2.能够进行供应商管理； 3.能够正确选择第三方物流企业	1.长期采购规划知识； 2.供应商管理知识； 3.第三方物流知识
	（二）生产物流管理	1.能够制订生产物流流程； 2.能够提出设备布局方案； 3.能够提出在制品管理方案	1.企业生产物流知识； 2.企业设备及布局知识； 3.在制品管理知识
	（三）销售物流管理	1.能够制订运输、仓储、分拨计划等综合物流实施方案； 2.能够正确选择第三方物流企业	企业运输、仓储、分拨等综合物流方案知识
六、供应链管理	供应链管理策划	1.能够确定供应链组织联盟； 2.能够制订供应链绩效分析方案； 3.能够制订供应链诊断方案； 4.能够制订供应链绩效优化方案	1.供应链构造知识； 2.供应链绩效分析方法知识； 3.供应链诊断方法知识； 4.供应链优化方法知识

续表

职业功能	工作内容	能力要求	相关知识
七、物流系统分析	（一）物流系统分析	1.能够制订物流系统功能分析方案； 2.能够制订物流节点分析方案	1.系统分析的知识； 2.系统方法知识； 3.分析模型知识
	（二）物流经济分析	1.能够制订物流供给分析方案； 2.能够制订物流成本分析方案； 3.能够进行物流组织再造与设计	1.物流经济知识； 2.物流统计知识

3.5.3 考试模块及内容简介

考试模块	模块内容简介
一、物流系统分析与规划	1.物流系统分析； 2.物流系统网络与规划； 3.仓储设施选址、规划与设计； 4.运输网络规划和设计； 5.配送网络规划与设计； 6.物流园区功能规划与设计； 7.物流信息系统分析与规划； 8.物流系统成本分析； 9.物流系统运行与流程再造
二、供应链管理	1.供应链的组织联盟； 2.供应链的绩效分析方法； 3.供应链的构造与优化方法； 4.供应链的诊断； 5.供应链与制造资源计划（MRP）； 6.供应链与客户关系管理（CRM）； 7.供应链与企业资源计划（ERP）； 8.供应链与业务流程重组（BRP）
三、物流论文写作	能够以论文的形式清楚表述某种物流现象，阐明某一物流问题的解决原理、方法、过程和效果，或清楚地阐明某一物流方法或原理

参考文献

[1] 刘少梅.医药物流管理专业入门手册[M].北京:中国医药科技出版社,2014.

[2] 宋远方,宋华.医药物流与医疗供应链管理[M].北京:北京大学医学出版社,2013.

[3] 宋华.现代商业企业物流革新与发展[M].北京:中国人民大学出版社,2001.

[4] 赵林度.供应链与物流管理——理论与实务[M].北京:机械工业出版社,2003.

[5] 角井亮一.物流管理[M].刘波,译.北京:东方出版社,2017.

[6] 钟秀英.药品物流基础[M].北京:北京大学医学出版社,2013.

[7] 徐人平.包装新材料与新技术[M].北京:化学工业出版社,2006.

[8] 杨群华.实用药物商品知识[M].北京:化学工业出版社,2010.

[9] 孙智慧.药品包装实用技术[M].北京:化学工业出版社,2005.

[10] 中国药品生物制品检定所.中国药品检验标准操作规范(2015年版)[S].北京:中国医药科技出版社,2015.

[11] 中华人民共和国药典编委会.中华人民共和国药典(2010年版)[M].北京:中国医药科技出版社,2010.

[12] 中华人民共和国药典编委会.中华人民共和国药典(2015年版)[M].北京:中国医药科技出版社,2015.